Franz Mages

Leichter lernen mit Bewegung

Grundlagen – Lerngymnastik
mit Bewegungsliedern von Irene Wirth

Oldenbourg

PRÖGEL PRAXIS 210

Die Deutsche Bibliothek – CIP-Einheitsaufnahme

Mages, Franz:
Leichter lernen mit Bewegung : Grundlagen – Lerngymnastik / Franz
Mages. Mit Bewegungsliedern / von Irene Wirth. – 1. Aufl. –
München : Oldenbourg, 1998
   (Prögel-Praxis ; 210)
   ISBN 3-486-98736-4

© 1998 R. Oldenbourg Verlag GmbH, München

1. Auflage 1998   02   01   00   99   98   R

Lektorat: Salomé Dick, Silvia Regelein
Herstellung: Fredi Grosser
Satz: Greipel-Offset, Haag/Obb.
Fotos: Stefanie Beyer
Druck und Bindung: Schneider Druck GmbH, Rothenburg ob der Tauber
Umschlagfoto: Stefanie Beyer
Umschlagkonzeption: Mendell & Oberer, München

ISBN 3-486-**98736**-4

Inhaltsverzeichnis

Gymnastik für das Gehirn

Was ist Lerngymnastik?

Lern- und Gehirngymnastik ist die auf die praktischen Bedürfnisse der Pädagogik ausgerichtete Seite der Kinesiologie. Lern- und Gehirngymnastik umfasst Übungen, die Lernen fördern und erleichtern sowie Lernstörungen verhindern bzw. beseitigen sollen.
Diese Übungen haben somit unmittelbaren Einfluss auf die Art und Weise des Lernens. Viele der Übungen sind Ihnen sicher seit Jahren bekannt.

Der Begriff Kinesiologie geht zurück auf das griechische Wort für Bewegung. In der Medizin versteht man darunter die Bewegungslehre und die Untersuchung von Muskeln und ihrer Funktion. In der Kinesiologie fließen Erkenntnisse der traditionellen chinesischen Medizin ein. Diese weiß um die Beziehungen zwischen sogenannten Energiebahnen im Körper und bestimmten Organen. Die Kinesiologie geht von der Annahme aus, dass der menschliche Organismus am besten selbst weiß, was ihm gut tut, was ihm hilft oder ihn stört. Über das System des Muskeltests gelingt es, den Körper somit direkt zu befragen. Dabei ist interessant, dass jede Person selbst an sich Fragen stellen kann, ohne dass sie dem Tester mitgeteilt werden müssen.
Die Kinesiologie hat ihren Ursprung in der Heilkunde. Das Spektrum hat sich aber deutlich ausgeweitet. Die Heilkunde bildet jedoch noch den wesentlichen Anwendungsbereich. Zahnmedizinern bietet die Kinesiologie zusammen mit dem Muskeltest die Möglichkeit, beispielsweise Materialverträglichkeit zu testen. Psychotherapeuten bietet sie die Chance, die Ursprünge der psychischen Probleme zu identifizieren, auch wenn sie schon längere Zeit zurückliegen.

Lerngymnastik in der Schule

Wichtig ist die Tatsache, dass Entspannungsübungen einen Teil schulischen Tuns ausmachen sollen und so eine neue Qualität in die Schule bringen. Schule ist eben nicht nur ein Lern- und Lehrort, Schule ist ein Lebensraum, in dem Kinder und Lehrkräfte nur leben können, wenn die gesamte Persönlichkeit auch mit ihren Emotionen Eingang finden kann. Ein Lernen unter Stress wird zu keinem echten, stabilen und angenehmen Wissenszuwachs führen, sondern nur langfristig Widerstände hervorrufen, die dann noch in der nächsten Generation weitergegeben werden.

Die Übungen sind jedoch nicht geeignet, alle Lernstörungen oder Lernschwächen zu beseitigen oder gar ungeschehen zu machen. Eine genaue und eingehende Diagnostik auf neuropsychologischer Grundlage ist dann unabdingbar notwendig, um Kindern rechtzeitig Hilfen anzubieten. Nicht Lehrer als Heilsbringer sind gefragt, sondern verantwortliche Pädagogen, die rechtzeitig auch die Grenzen ihrer Hilfs- und Beeinflussungsmöglichkeiten sehen.

Weiter sollte Ihnen bewusst bleiben, dass Kinder keine kleinen Erwachsenen sind, sondern Geschöpfe, die sich auf einem Entwicklungsprozess befinden. Dennoch können die Übungen der Lern- und Gehirngymnastik den Kindern vielfältige Hilfen zur Entwicklung geben. In der Pädagogik finden die sogenannten Brain-Gym-Bewegungsübungen breite Resonanz, die verstärkt zur Verbesserung der Lernvermögens eingesetzt werden.

Auch in unseren Sprichwörtern wird der enge Zusammenhang zwischen psychischen Ereignissen und körperlichen Reaktionen deutlich. So haben wir klare Vorstellungen über jemanden, der uns mit stolzgeschwellter Brust begegnet oder der vor Gram gebeugt uns gegenübersitzt.

Für das bessere Verstehen der Kinesiologie bzw. der speziellen Bewegungsübungen – der Gehirngymnastik – ist es notwendig, etwas über das menschliche Gehirn und dessen Wirkungsweise zu wissen. So wird es leichter möglich sein, selbst eine distanzierte und kritische Würdigung der Möglichkeiten und Grenzen der Gehirngymnastik vorzunehmen.

Das menschliche Gehirn

Die Arbeitsweise des Hirns ist ungeheuer komplex und ein Wunderwerk, dessen Geheimnisse bis heute trotz modernster Untersuchungstechniken noch nicht gelöst sind. Denn das Gehirn verarbeitet nicht nur Informationen, sondern hat einen großen Einfluss auf Gefühle.

Das Gehirn besteht aus Milliarden an Nervenzellen, die unzählige Verbindungen eingehen. Diese Verbindungen sind nicht zeitlebens konstant. Sie können sich verändern und jeweils wieder neue oder andere Verbindungen eingehen. Diese Veränderungen hängen sowohl von den organischen Voraussetzungen ab, als auch davon, welche Impulse von der Umwelt auf das Gehirn treffen. Jede neue Erfahrung, jeder neue Eindruck schafft neue Verbindungen. All unser Lernen, alle unsere Wahrnehmungen wirken auf das Gehirn und verändern es. Dabei führen sie nicht nur zu spontanen, sondern auch zu strukturellen Veränderungen.

Diese neuen Kombinationen schaffen wieder neue Verarbeitungskompetenzen und Strategien, die nun ihrerseits wieder nicht spurlos am Schaltsystem Gehirn vorüber gehen. Manche dieser Veränderungen sind so schwer wiegend, dass sie nicht nur kurzfristig im Bewusstsein ankommen, sondern sich förmlich im Gehirn eingraben. Ein Gedächtniselement ist entstanden. Manche Wissenschaftler nehmen an, dass ein Ereignis, das eine halbe Sekunde dauert, in fünf bis zehn Minuten zu strukturellen Veränderungen im Gehirn führt, die so gravierend sein können wie manche, die durch Verletzungen entstehen.

Das System der Nervenzellen ist somit in ständiger Veränderung. Dies wirkt sich natürlich auch auf das Lernen aus. Schwachstellen im Lernen sind folglich nicht konstant, sondern können durch Veränderungen des Lernangebotes, durch Abbau von hemmenden Stressfaktoren oder durch multisensorielles Lernen umgangen werden. Sie können unter Anleitung oder durch spezifische Übungen kompensiert werden.

Die ungeheuere Plastizität und Dynamik des Gehirns ist auch für alle Fälle von medizinischer oder pädagogisch-psychologischer Rehabilitation wesentlich und bleibt teilweise bis ins hohe Alter erhalten. Die Lernfähigkeit nimmt zwar mit zunehmendem Alter ab, aber die immense Erfahrung des Lebens und die hierbei gespeicherten Lernvorgänge und Erkenntnisse schaffen einen Ausgleich. Wichtig aber bleibt, dass die Umwelt sowohl im Kindesalter als auch im Falle von Rehabilitation entsprechende Impulse setzt. Ohne diese Impulse würden die Entwicklungsmöglichkeiten sich immer weiter reduzieren. Die Vorgänge im Hirn haben Auswirkungen auf die Verhaltensweisen des Kindes, während diese Verhaltensweisen als Lernprozess auch die biologischen Prozesse im Hirn beeinflussen. Es ist also keine Einbahnstraße, sondern ein sich wechselseitig beeinflussender multifunktionaler Prozess.

Das Übertragen von Nervenimpulsen erfolgt hauptsächlich chemisch, in anderen Fällen überwiegend elektrisch. Bei der chemischen Übertragung werden unterschiedliche Stoffe abgesondert. Einige von ihnen beschleunigen den Impulsdurchgang, andere hemmen ihn, wieder andere können ihn sogar vollständig blockieren. Bereits hier deutet sich der Einfluss von stofflichen Veränderungen auf die Reizübertragung an. Bekanntestes Symptom ist die Reaktionsverlangsamung bei Alkohol-

7

einfluss oder das sogenannte „Brett vor dem Kopf", bei dem durch Stresshormone die Reizübertragungsprozesse gestört werden können. Diese elektrochemischen Vorgänge sind äußerst kompliziert und komplex. Sie sind mit der klassischen Vorstellung der Elektrizitätsübertragung nicht mehr fassbar. Festzuhalten ist, dass durch die synaptische Reizübertragung Nervenimpulse systematisch von einem Hirnteil auf den anderen übertragen werden, und dass diese Aktivität unsere geistigen Vorstellungen, unser Gedächtnis und alle unsere Denk- und Wissenfunktionen bestimmen.

Bei allen Denk- und Lernvorgängen finden im Hirn laufend Veränderungen statt, die von mehr oder weniger langer Dauer sein können. Der Grad der Dauerhaftigkeit scheint von ganz bestimmten chemischen Veränderungen abhängig zu sein. Dabei spielt aber auch die Absicht des Lernenden eine entscheidende Rolle, ferner wie viel Emotionalität vorhanden ist, ob das zu Lernende durch Handlungen gefestigt wurde oder ob die Angelegenheit schon lange den Lernenden in seiner Vorstellung beschäftigt hat.

Ein weiterer Faktor stellt die Ernährung dar. Je vollwertiger die Ernährung, desto günstiger scheinen die geistigen Leistungen zu sein. Deshalb sollte die Ernährung des Menschen – besonders des Kindes – ausreichend Spurenelemente, Vitamine und genügend Flüssigkeit enthalten.

Aber auch soziale Faktoren haben ihren Anteil an diesem Lernprozess. Eine gegenseitige Beeinflussung ist nachgewiesen worden. Die Psyche hat ebenfalls großen Einfluss auf den Lernprozess, denn Vorgänge werden bei Interesse und in positiver Stimmung besser wahrgenommen und behalten.

Früher ging man davon aus, dass das Gehirn als Ganzes funktioniere und einzelnen Teilen keine Besonderheit zugeordnet werden könne. Aber schon in der ersten Hälfte des 19. Jahrhunderts beschäftigte man sich mit der Vorstellung, dass spezifischen Hirnregionen spezielle Funktionen zugeschrieben werden könnten. Der Arzt Franz Josef Gall (1758-1828) war der Erste, der behauptete, dass im Gehirn spezielle Regionen auszumachen seien, denen bestimmte geistige Fähigkeiten zuzuordnen seien. Leider behauptete er auch, dass man das an der Schädelform erkennen könne. Dies wurde bereits damals in weiten Forscherkreisen als Quacksalberei abgetan. Aber die Lokalisationstheorie festigte sich. Weitere Untersuchungen folgten. 1861 trug Paul Broca erstmals seine Beobachtungen vor, wonach im linken Frontallappen ein Bereich sei, der für die Sprachproduktion zuständig sei. Broca wies aber bereits auf den Unterschied zwischen Sprachproduktion und Sprachverständnis hin. Einige Jahre später entdeckte Karl Wernicke jenen Teilbereich in der linken Hirnhälfte, der für das Sprachverständnis zuständig ist. Somit begann eine bis heute andauernde Diskussion über die speziellen Funktionen der beiden Hirnhälften, die sich äußerlich fast nicht unterscheiden und nahezu auch das gleiche Gewicht aufweisen.

Bereits 1865 wurde durch John Hughlings Jackson der rechten Hirnhälfte das bildliche Denken als dominanter Bereich zugeschrieben.

Bei den meisten Menschen ist die linke Hirnhälfte für die Sprache dominant. Für die normale Sprachentwicklung ist das Gehör von grundlegender Bedeutung. Bei Beeinträchtigungen des Gehörs kann es zu Störungen der Sprachentwicklung und damit auch zu Schwächen bis hin zu Störungen des Lesen- und Schreibenlernens kommen. Bei den meisten Kindern werden über das rechte Ohr überwiegend Sprache und über das linke Ohr mehr nichtsprachliche Klangeinwirkungen aufgenommen.

Für die Entwicklung des kindlichen Hirns gelten bestimmte Gesetzmäßigkeiten. Das junge Hirn ist in einem noch stärkeren Wechselspiel zwischen organischen Bedingungen und Einflüssen der kindlichen Umgebung eingebettet. Beide Bedingungen ergänzen sich und wirken ständig aufeinander ein.

Für den motorischen Bereich und für die primären Abbildungen der Sinneseindrücke im Gehirn gilt, dass Eindrücke, Empfindungen und Bewegungen der einen Körperseite überwiegend auf der jeweils anderen Hirnseite verarbeitet werden. Störungen auf der rechten Hirnseite, beispielsweise durch Erkrankungen oder Unfälle, haben je nach Lage in der rechten Hirnhälfte Funktionsausfälle auf der linken Körperseite zur Folge.

Bewegungen auf der rechten Körperseite werden also im linken Bereich des Gehirns verarbeitet und gesteuert. Dies gilt auch für Bewegungen der linken Körperteile, wenn sie auf der rechten Körperseite, also rechts von der sogenannten Körpermittellinie durchgeführt werden. Ein Teilbereich jedoch wird auf der gleichen Seite im Hirn verarbeitet, das heißt, ein Teil der Bewegungen der rechten Körperseite wird auch auf der rechten Hirnseite verarbeitet, gesteuert und gelenkt.

Die Bedeutung der Bewegung für das Gehirn

So wie die Tätigkeit des Hirns kein statischer Prozess ist, sondern ständigen Veränderungen unterworfen ist, scheint Veränderung und Bewegung ein Grundprinzip jeglicher Entwicklung zu sein.
Bereits nach der Zeugung beginnt der individuelle Bewegungsprozess. Die Zellteilung ist ein aktiver biologisch determinierter Vorgang. Ähnliches gilt für die Hirnzellen. Sie entstehen zunächst entlang des Zentralnervensystems und wandern anschließend in der 8. bis 27. Schwangerschaftswoche an ihre biologisch determinierten Stellen im Gehirn.
Auch das Kind im Mutterleib bewegt sich. Erste Erfahrungen und Eindrücke werden gesammelt und regen das Hirnwachstum an. Mit der Geburt beginnen Greifen, Saugen und taktile Empfindungen zu wesentlichen Faktoren zu werden, die sich zusehends ausweiten.
Das kindliche Lallen ist angeboren. Erst durch den Rückkopplungsmechanismus von Hören und Bewegungsmuster des Mundes wird die Sprache entwickelt. Ohne diesen Rückkopplungsprozess verstummt das Lallen. Auch hier deutet sich die Notwendigkeit der Verknüpfungen mehrerer Sinneseindrücke als Grundvoraussetzung für Lernen an. Dies gilt besonders für den gesamten vorschulischen Lernbereich.

Gerade im Vorschulalter sind die Kinder körperlich sehr aktiv. Springen, rennen, purzeln, hangeln, alle körperlichen Spiele scheinen besonderen Spaß zu machen. „Be-greifen" ist eine Vorstufe von kognitvem Begreifen von Zusammenhängen.
Dieser aktive Prozess scheint sich erst mit zunehmendem Alter zu reduzieren. Dennoch sind jüngere Erwachsene häufig noch aktiver als ältere Menschen. „Auch der wird noch ruhiger werden" – ein häufig gehörter Ausspruch hat biologische Grundlagen. Erst zwischen 25 und 45 Jahren ändert sich der Gehirnanteil, der für Bewegung, Antrieb und Aktivität zuständig ist. Man findet in einem speziellen Hirnbereich eine deutliche Nervenzellenverkleinerung. Diese Veränderungen weisen auf die Abnahme des Antriebs im mittleren Erwachsenenalter hin. Der Mensch wird bequemer und ruhiger. Geht dieser Prozess aber ungebremst weiter, leidet auch die geistige Aktivität. So konnte man in der Altersforschung aufzeigen, dass die geistige Leistungsfähigkeit und auch die Lebenserwartung sowohl an geistige Aktivität, als auch an körperliche – dem Alter angepasste Aktivität – gekoppelt sind.

In der Schweiz wurden vergleichend Kinder von ersten Klassen untersucht. Eine Gruppe der Kinder hatte keine Stühle mehr, sondern saß auf großen Bällen. Es war vordergründig anzunehmen, dass durch diese

Sitzart eine deutlichere Unruhe auftreten würde. Das Gegenteil war der Fall. Nach einer „Trainingsphase" wirkten diese Kinder wesentlich ruhiger, die Klassen waren ruhiger, die Zeiten der Aufmerksamkeit erhöhten sich und durchweg wurden bessere Leistungen erzielt. Es ist anzunehmen, dass durch die Impulse der großen motorischen Muskeln, die ständig neue und später sehr diffizile Impulse an das Hirn melden, die Hirndurchblutung verbessert wird, der Informationsaustausch zwischen den Hirnhälften über den motorischen Teil aktiviert wird und diese besser entwickelten Nervenzellen neue Schaltstellen für andere Zellen anbieten.

Aber auch feinere Bewegungen zeigen deutliche Impulse für die Hirnaktivität. Es sind dies insbesondere die Bewegungen der Finger und des Mundes.

Tatsächlich erhöhen sich die Rechtschreibfehler bei Erwachsenen dann, wenn durch entsprechende Mundstellung, z. B. Zunge zwischen den Zähnen halten und dabei breit grinsen, das Mitsprechen unmöglich gemacht wird. Mit modernen Untersuchungsmethoden kann man heute aufzeigen, dass beim stillen wie beim lauten Lesen ähnliche Areale im Hirn aktiviert werden.

Es ist bemerkenswert, dass motorische Aktivität und Hirnleistung sich nicht ausschließlich auf den grobmotorischen Aspekt beschränken lassen, sondern dass diffizilere feinmotorische Bereiche eine ebenso wichtige Rolle spielen.

Diese Hinweise auf die eminente Bedeutung der Motorik – sowohl der Grobmotorik als auch der Feinmotorik – sollen anregen, Bewegung viel stärker in den Unterricht einzubeziehen als gewohnt.

Lern- oder Gehirngymnastik

Die Bedeutung von Bewegung für die Entwicklung des Gehirns, die Entfaltung der Nervenzellen, die Versorgung mit Sauerstoff und Nahrung durch eine verbesserte Durchblutung und für eine Steigerung der Kognition im individuellen Rahmen wird bei der individuellen Lerngymnastik genutzt.

Ferner regt körperliche Aktivität auch die Motivation an und steigert das Wohlbefinden. Je spezifischer die entsprechenden Übungen sind, desto gezielter lassen sich Teilbereiche des Hirns aktivieren. In allen rehabilitativen Einrichtungen macht man sich dies zunutze. In der Sonderpädagogik erkannte man den Wert spezieller motorischer Aktivitä-

ten zum Abbau von Lernblockaden und zur Steigerung der Aufnahmefähigkeit durch Integration möglichst vieler Sinne. Bei logopädischen Übungen steht nicht mehr nur die Verbesserung der bloßen Artikulation im Vordergrund, sondern das Verbessern von Grundbedingungen für die Beweglichkeit des Mundes, der Zunge sowie der Finger und Hände.
Auch japanische Autoproduzenten erkannten die Wirkung der körperlichen Aktivität für die Steigerung der Produktivität. Sie ließen die Produktionsbänder anhalten und die Mitarbeiter vorgegebene gymnastische Übungen machen.

Für die Schule bedeutet das, dass durch spezielle gymnastische Übungen, möglichst lustvoll verpackt, all die genannten positiven Wirkungen ebenso zu erreichen sind.

Flüssigkeit und Ernährung

Der menschliche Körper besteht zu zwei Dritteln aus Wasser. Fast alle körpereigenen Vorgänge spielen sich in einem wässrigen Medium ab. In diesem Medium werden alle wichtigen Stoffe wie Spurenelemente, Vitamine, Energieträger, aber auch Abbauprodukte transportiert. Eine gute Versorgung ist für das Gehirn wichtig, da es bei seiner Tätigkeit im Verhältnis zu seinem Gewicht ein Vielfaches an Energie verbraucht. Dazu sind eine Unzahl wichtiger Spurenelemente, die vor allem in Rohkost in entsprechenden Verbindungen enthalten sind, wichtig. Daneben spielen Vitamine als Katalysatoren eine Rolle.

Besonders wichtig für den Körper ist jedoch das Wasser. Es muss in ausreichender Menge zugeführt werden. Kinder kennen meist unbewusst ihren Flüssigkeitsbedarf und trinken spontan. Ältere Menschen empfinden nach einiger Zeit keinen Durst mehr, was zu Gedächtnisunsicherheiten und Verwirrung führen kann, die sich nach der Aufnahme von Flüssigkeit wieder deutlich bessern. Nur in einer individuell angemessenen Flüssigkeitsmenge kann sich die Konzentration der gelösten Stoffe konstant halten. Bei Flüssigkeitsreduktion erhöht sich die Konzentration der gelösten Substanzen. Bei zunehmender Konzentration wirken sie sich auf das gesamte Reizleitungssystem im Hirn aus. Gedächtnisunsicherheiten bis hin zur Verwirrung sind die Folge.
Deshalb ist es wichtig, in Schulräumen für entsprechende Belüftung und Raumfeuchtigkeit zu sorgen. Kinder wie Erwachsene sollten die Möglichkeit haben, angemessen trinken zu können. Das bedeutet nicht, dass die Trinkflasche auf dem Schultisch stehen muss, es heißt aber, dass im

erziehlichen Rahmen der Schule und der Klasse angemessene Gelegenheiten geschaffen werden sollten, beispielsweise durch

- Trinkpausen,
- Essen im Klassenzimmer vor Pausenbeginn mit Ausschank von Tee, Mineralwasser oder Säften,
- Bereitstellen von Getränken auf den Gruppentischen oder auf einem Extratisch im Klassenzimmer.

Lerngymnastik im Unterricht

Überkreuzbewegungen

Die Körpermittellinie ist ein gedachter vertikaler Bereich entlang der Körpermitte, der vom Gehirn durch die Sinnesorgane – vor allem durch die beiden Augen – gleichzeitig wahrgenommen wird. Dieser Bereich wird in der kindlichen Entwicklung sehr frühzeitig durch den Gebrauch der Hände trainiert. Eine erste Stufe der Entwicklung beginnt mit dem Halten der Flasche durch beide Hände. Doch dauert es eine ganze Weile, bis es den Kindern gelingt, Gegenstände von einer Hand in die andere Hand zu geben. Dieses Spielen und Hantieren der Kleinkinder fördert den Austausch von Informationen von der linken zur rechten Hirnhälfte zunächst im motorischen Bereich. Sie wird später als Handlung und zielgerichtete Tätigkeit erkannt und somit als planvolles Tun wahrgenommen. Eine koordinierte Tätigkeit ist entstanden, wenn keine organischen oder sonstigen Hemmnisse diesen Prozess erschweren oder unterbinden. Eine weitere Stufe der Integration der beiden Körperseiten entsteht, wenn das Kind, den oberen und den unteren Körperabschnitt miteinander koordinieren kann. Die Vorstufen verlaufen zwar parallel, doch scheint sich erst der obere Bereich zu entwickeln, bevor der untere Bereich hinzugenommen wird. Wenn es dem Kind gelingt, das rechte Bein und den linken Arm gleichzeitig zu bewegen, ist das Krabbelstadium erreicht. Zum Krabbeln sind weitere Teilfunktionen notwendig. So muss die Körperlage verändert werden können. Das Gleichgewicht muss sich entsprechend entwickeln, es müssen Nackenstellungen und damit weitere Muskeltätigkeiten angepasst werden – ebenfalls hochkomplexe Koordinationsleistungen. Damit aber hat das Kind auch andere, sich immer wieder verändernde Raumeindrücke aufgenommen und erfahren, wie sein Körper seine Raumlage ständig verändert. Es erkennt aber auch, dass es selbst der Bezugspunkt ist, von dem der Raum um es herum gesehen, wahrgenommen und erfahren werden kann.

Mit der Fähigkeit zu krabbeln, erweitert sich dieser Erfahrungsbereich erneut. Die Funktion des Krabbelns verlangt jedoch, dass motorische Nervenimpulse von der rechten unteren Körperhälfte mit den motorischen Nervenimpulsen der linken oberen Körperhälfte koordiniert werden. Betrachter staunen über das Bemühen des Kindes, in die Krabbelbewegung zu kommen. Aber ein Kind wird sich ständig bemühen und diese Funktion ausführen, also lernen wollen, es sei denn, es hat schmerzhafte Erfahrungen sammeln müssen. Aber in wenigen Tagen wird dieser Vorgang erneut aufgenommen werden. Wir erleben dabei, dass das Lernenwollen durchaus eine angeborene Eigenschaft ist. Nur durch das Lernen kann sich der Organismus entwickeln und entfalten und damit wieder Grundlage für neues Lernen schaffen.

Gelingt dem Kind endlich ein Krabbelbewegungsablauf, so versucht es den nächsten hinzuzufügen, bis viele Ablaufmuster hintereinander ausgeführt werden können. Nun hat das Gehirn diesen Bewegungsablauf aufgenommen, also gelernt. Erst jetzt hat es diesen Ablauf von einem momentanen Gedächtnisprozess in das Langzeitgedächtnis übernommen und kann das gelernte Muster als Dauerproduktion wiedergeben. Somit hat das Kind mit dem Krabbeln nicht nur einen vordergründigen Bewegungsablauf mit Koordinationsleistung gelernt, sondern gleichzeitig die Grundlage für schulisches Lernen gelegt, indem sich ein Gedächtnisprozess, das sogenannte Sequenzgedächtnis, durch einen Bewegungsablauf entfalten konnte. Diese Gedächtnisfähigkeit ist für kognitives Lernen eine wesentliche Voraussetzung.

Auch beim Schreibenlernen im ersten Schuljahr ist ein solcher Ablaufmechanismus erkennbar. Zuerst wird die Schreibbewegung bewusst gelernt, unterstützt durch Sprachmuster. Mit zunehmender Übung wird der Bewegungsablauf flüssiger. Zunächst wird nur das Schreiben eines Buchstabens flüssiger, dann die Kombination mehrerer Buchstaben bis später der Bewegungsablauf nicht mehr bewusst kontrolliert werden muss, da er automatisch geworden ist. Gerade hier beobachten wir Kinder, denen diese Abläufe relativ schnell gelingen, während andere Kinder längere Übungsphasen brauchen und wieder anderen Kindern auch in späteren Schuljahren noch ein abgehackter Schreibbewegungsablauf geblieben ist.

Wichtig ist, dass es bei diesen frühkindlichen Entwicklungsphasen nicht nur um einen äußerlich sichtbaren Ablauf geht, sondern dass sich hiermit auch höhere kognitive Funktionen entwickeln.

Die Entwicklung dieser Fähigkeiten kann aber vielfältig beeinträchtigt werden. Organische Ursachen können durch verantwortlich durchgeführte Vorsorgeuntersuchungen erkannt und einer therapeutischen Förderung zugeführt werden. Mangelnde Entwicklungsmöglichkeiten durch ungenügende äußere Bedingungen wie ungeeigneter Wohnraum oder modische Errungenschaften sind weitere Faktoren. Aber auch Stressfaktoren im weitesten Sinn beeinflussen diese Fähigkeiten. Selbst bei Erwachsenen lassen sich Koordinationsschwächen bis hin zu Störungen durch den Aufbau von Stresssituationen hervorrufen.

Da diese koordinativen Fähigkeiten negativ beeinflussbar sind, sind sie auch durch entsprechende Aktivitäten förderbar. Eine sehr gute Möglichkeit sind Überkreuzbewegungen. Solche Bewegungsmuster kommen in vielen Tanzformen bei nahezu allen Völkern vor und dienen, unterstützt durch Musik, dem Erhalt und der Stärkung der koordinierten Bewegungsabläufe, die wiederum die Hirnaktivität erhöhen. Bewusster werden diese Übungen beim Yoga oder Schattenboxen ausgeführt.

Wenn Kinder diese Übungen durchführen, können Sie durch Beobachtung viele Informationen entnehmen, z. B.:

- Nehmen die Kinder die Bewegung überhaupt auf?
- Können sie sie spiegelbildlich nachmachen?
- Können sie sie überkreuzt nachmachen, also auch mit der gleichen Seite beginnen wie Sie?
- Bleibt die Übung koordiniert oder geht das Bewegungsmuster verloren?
- Wie lange können die Kinder die Übung wiederholen, bricht das Bewegungsmuster plötzlich ab und kann nur mehr erschwert aufgenommen werden?
- Geht das Bewegungsmuster immer leichter?
- Könnten die Kinder auch mehrere Übungen gleichzeitig ausführen, wie den Kopf gerade halten und nur mit den Augen nach links oben schauen.

Manche Verhaltensmuster, die bei diesen Übungen auftreten, sind auch beim schulischen Tun ähnlich zu beobachten.

Eine ruhige und gleichmäßige Atmung ist für alle Übungen wichtig um Verspannungen oder Verkrampfungen möglichst zu vermeiden.

Beispiele für einfache Überkreuzbewegungen sind nebenstehend dargestellt.

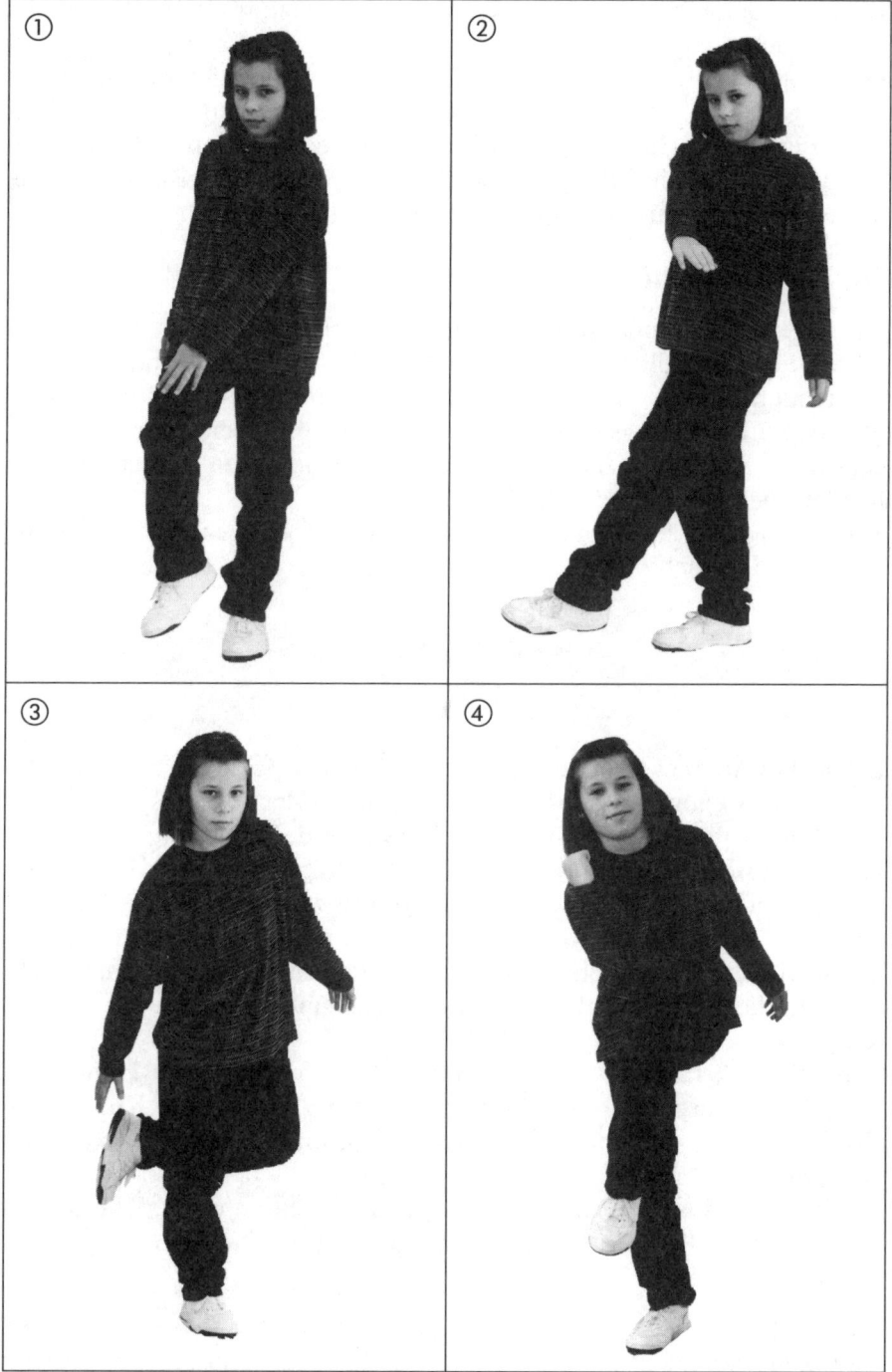

Bei folgenden Überkreuzübungen wird die Bauchmuskulatur besonders beansprucht:
Das Kind liegt auf dem Rücken, die Hände im Nacken gefaltet, die Beine angezogen. Nun bewegt sich der linke Ellenbogen zum rechten Knie, dann der rechte Ellenbogen zum linken Knie. Dabei entsteht langsam mit den Beinen eine rhythmische Bewegung wie beim Fahrradfahren. Variationen sind aus dem Sportunterricht sicher bekannt.

Die liegende Acht

Die liegende Acht oder das Unendlichkeitszeichen gestattet beim Nachfahren eine unendliche fließende Bewegung, die die gleiche Dynamik auf beiden Körperseiten ermöglicht. Hierbei werden Leistungsunterschiede im Bewegungsablauf auf den beiden Körperseiten ziemlich ausgeglichen. Auch Assoziationen wie Achterbahnfahren erleichtern den Kindern den Bewegungsablauf.
Startposition ist der Kreuzungspunkt. Von hier aus geht die Bewegung grundsätzlich nach oben.

Denn Abwärtsbewegungen schwächen den Körper eher, aufwärts gerichtete Bewegungen stärken ihn. Dies ist in der Körpersprache sehr häufig zu beobachten. Negative Eindrücke werden somit durch abwärtsgerichtete Bewegungen noch verstärkt. Positive Eindrücke werden häufig stimmlich und mit aufwärtsgerichteten Bewegungen unterstützt.
Zunächst beginnen die Kinder mit einer Hand auf dem Startpunkt die Bewegung des Unendlichkeitszeichens zu fahren. Eine große Tafelzeichnung der liegenden Acht erleichtert den jüngeren Kindern die Vorstellung.
Anschließend fährt die andere Hand, dann fahren beide Hände das Muster nach. Ist der Bewegungsablauf flüssig, halten die Kinder den Kopf möglichst ruhig, nur die Augen verfolgen die Fingerspitzen beim Abfahren der Bahn.
Aber auch das Nachzeichnen der liegenden Acht an der Tafel oder auf einem großen Blatt motiviert. Verschiedene Farben werden zu verschiedenen Fahrzeugen.

Andere taktil-kinestetische Eindrücke entstehen, wenn die Kinder den Bewegungsablauf auf unterschiedlichen Materialien durchführen wie im

Sandkasten, auf Wellpappe, im Pausenhof, auf der Tafel mit dem Schwamm, mit Rasierschaum oder mit Zauberkreide (nasse Kreide). In den Wintermonaten oder im verdunkelten Zimmer begeistert das Nachfahren mit Taschenlampen. Bei jüngeren Kindern können Fingerpuppen zu häufigerem Nachfahren der Acht motivieren.

Gesichtspunkte zur Beobachtung:

- Können die Kinder die Stelle des Schnittpunkts problemlos überkreuzen?
- Stocken sie an der Schnittstelle, fahren aber weiter?
- Wird dieses Stocken immer kürzer, bis es nicht mehr feststellbar ist?
- Stoppen sie an der Schnittstelle und fahren den anderen Bogen hinab, ohne die Schnittstelle zu überkreuzen?
- Nehmen sie Hinweise zum Überkreuzen auf?
- Brauchen sie mehr Hilfe?
- Kann das Kind das Überkreuzen nur durch mitführende Bewegungen von Erwachsenen und wann wird diese Hilfe überflüssig?
- Wie lange braucht das Kind zum Erlernen der exakten Bewegung?

Diese Beobachtungen beim Überkreuzen lassen Rückschlüsse auf das schulische Lernverhalten zu.

Die liegende Acht oder das Unendlichkeitszeichen bietet auch die Möglichkeit, die Kleinbuchstaben unseres Alphabets von a bis t (sie stammen aus dem arabischen Alphabet) in den Bewegungsablauf zu integrieren. Jeder dieser Buchstaben – mit Ausnahme des s – kann klar der einen oder der anderen Seite der Acht zugeordnet werden. Die gedachte Mittellinie bildet dabei entweder den Abstrich oder den Aufstrich des Buchstabens.

So haben die Buchstaben a, (c), d, e, (f), g, o, q, s die Mittellinie als Abstrich und die Rundung geht klar nach links, während die Buchstaben b, h, (i, j), k, l, m, n, p, r, t mit der Mittellinie beginnen und der Bewegungsablauf von hier deutlich nach rechts geht. In manchen Programmen zur Förderung von Legastheniekindern sind ähnliche Übungen enthalten. Werden die Buchstaben durch solche Veranschauungsmittel in ihre Elemente zerlegt, lassen sich manchmal Probleme und Unsicherheiten vermeiden. Verse und Reime unterstützen den Bewegungsablauf (z. B. beim p: auf und ab und rechts herum, beim d: links herum und auf und ab) und fördern das Visualisieren. Dadurch wird nicht nur eine bewusste Steuerung herbeigeführt, sondern es werden auch Gedächtnisprozesse deutlich unterstützt und eine frühzeitigere Automatisation erreicht.

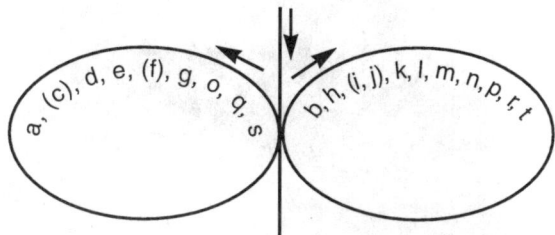

Der Elefant

Die Kinder legen den Kopf auf die Schulter und halten anfangs ein Tuch oder ein Blatt Papier mit dem Kopf auf der Schulter. Mit der Hand fahren sie die liegende Acht nach, dabei schauen sie mit den Augen in die Ferne.

Assoziationen erleichtern dies, z. B.:

- „Auf dem gegenüberliegenden Haus ist eine Acht gemalt, fahre sie nach."
- „Auf der Kirmes ist eine Achterbahn, du siehst sie in der Ferne."
- In großen Räumen wie der Turnhalle: „ Auf der gegenüberliegenden Wand siehst du eine imaginäre Acht." Hilfreich ist es, mit einer Taschenlampe die Acht vorzugeben oder die Kinder malen selbst Licht-Achterbahnen an die Wand.

Diese Übung wird im Wechsel mit den Armen durchgeführt. Dabei können die Kinder assoziieren, dass ihre Arme zu Rüsseln werden oder ihre Ohren so groß wie Elefantenohren werden. Die Übung wird mit lockerer Körperhaltung im Stehen durchgeführt. Die Beine beugen sich leicht im Rhythmus der Übung. Der Körper muss das Gleichgewicht in der Senkrechten halten, in einem ständigen rhythmischen Wechsel. Dies dient der visuellen Stabilisierung.

Eine weitere Stimulierung erfährt der auditive Bereich. Da der Kopf auf der Schulter gehalten wird, ist die akustische Aufnahme der Umgebung verändert und wird bewusster erlebt. Somit werden die visuellen und auditiven Bereiche des Gehirns gleichzeitig deutlich aktiviert. Im Vergleich zur gewohnten Körperhaltung entstehen dadurch integrative Prozesse. Je bewusster die Veränderungen wahrgenommen und beachtet werden, desto deutlicher sind stimulierende Impulse. Weiterhin wird die gesamte Nackenmuskulatur aktiviert. Lockere und entspannte Muskeln im gesamten Oberkörper sind für eine günstige Schreibhaltung notwendig.

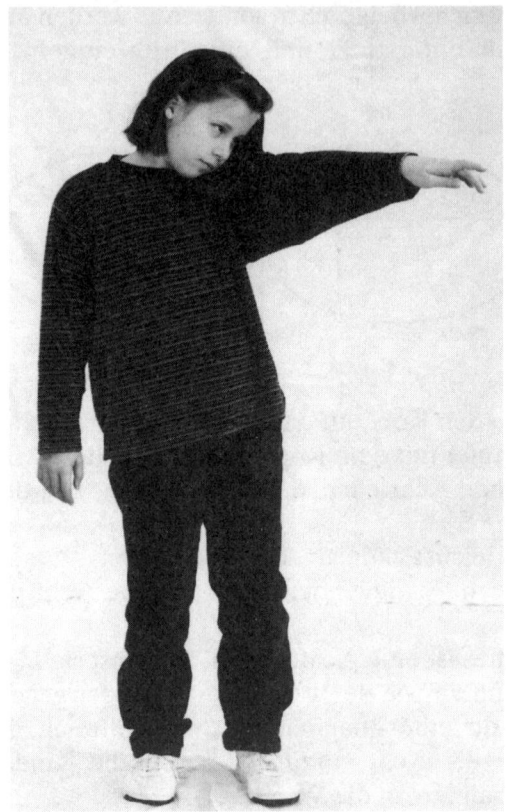

Das Pendel

Das Pendel (oder der Schwerkraftgleiter) ist eine schwierige Gleichgewichtsübung, die gleichzeitig die Muskulatur und die Nervenrezeptoren in den Unter- und Oberschenkelmuskeln sowie die Muskeln in der Hüft- und Beckengegend aktiviert. Sie ist gut geeignet, Verspannungen im ganzen Körper zu lösen, jedoch gelingt die Übung erst nach einiger Zeit und mit einigem Training. Jüngere Kinder oder Kinder mit Koordinationsschwächen, Gleichgewichtsunsicherheiten oder mit unterschiedlich gut entwickelten Körperseiten verkrampfen leicht. Deshalb wird die Übung schrittweise eingeführt.

Zunächst stehen die Kinder mit leicht geöffneten Beinen da und lassen den Oberkörper langsam nach vorn gleiten, so weit, dass die Beine nur leicht gebeugt werden müssen. Durchgedrückte Beinhaltung verhindert die lockernde Wirkung der Übung. Nun beginnen die Arme langsam hin und her zu pendeln. Der Kopf hängt locker zwischen den Armen. Assoziationen helfen, z. B.:

- „Unser Oberkörper baumelt im Wind. Der Wind wird stärker und er flacht auch wieder ab."
- „Unser Oberkörper spielt Schiffschaukel und schaukelt locker hin und her."

Die Übung wird schwieriger, wenn die Beine überkreuzt werden. Selbst Erwachsenen fällt diese Übung unvorbereitet sehr schwer. Verkrampfungen sind dann deutlich zu sehen. Deshalb sollten diese Übungen regelmäßig mit Kindern durchgeführt werden.

Kinder, die dabei unruhig sind oder herumkaspern, zeigen lediglich, dass sie sich nicht wohl fühlen. Dies sollte nicht als Unartigkeit, sondern sollte als Hinweis des Kindes verstanden werden, dass ihm diese Übung nicht gelingt. Manche Kinder äußern sich auch gar nicht, da sie es Ihnen gegenüber besonders gut machen wollen, sind aber verkrampft, fallen leicht um, können den Kopf nicht absenken, sondern schauen Sie an. Solche Beobachtungen sollten Sie notieren. Ein Hinweis an die Eltern wäre wichtig, da das Gleichgewichtsempfinden auch Hinweise auf Veränderungen im Innenohr geben kann, die vom Facharzt zu überprüfen sind.

Die Denkmütze

Die Kinder streifen mit Daumen und Zeigefinger die Falten der Ohrmuschel leicht massierend aus. Besonders die oberste Falte der Ohrmuschel wird sanft, aber nachhaltig massiert. Mit dieser Maßnahme werden
die vielen Akupunkturpunkte an und in der Ohrmuschel aktiviert. Eine
deutliche Erhöhung der Blutversorung ist durch eine Rötung des Ohres
zu erkennen. Da der Schall, der auf den Kopf eines Menschen auftrifft,
nicht nur durch den Gehörgang und die dazugehörigen Nerven zum
Gehirn gemeldet wird, sondern über die sogenannte Knochenleitung
weitergeleitet wird, unterstützt diese Übung das passive Hören.
Für die gesamte Sprachentwicklung und für alle schriftlichen Aufgaben
sind gutes Hören, Hinhorchen und akustisches Wahrnehmen von grundlegender Bedeutung. So kann diese Übung die Kinder auf das genaue
Hinhören beim Lesen, beim Vorlesen, beim Rechtschreiben u. Ä. ein-
stimmen. Die Denkmütze wird von den Kindern nach einiger Zeit als
selbstverständlich empfunden, da ohne genaues Hören keine guten
schulischen Leistungen zu erbringen sind.

Übungen zum Lockern der Nackenmuskulatur

Eine entspannte, lockere Nackenmuskulatur ist eine Grundvoraussetzung für unverkrampftes, konzentriertes Arbeiten. Je verspannter Kinder sind, desto unruhiger werden sie. Kinder versuchen aus verkrampf-
ten Haltungen heraus zu kommen, dies erscheint dann als Unruhe. Werden jetzt keine Bewegungsübungen durchgeführt, eskaliert die Unruhe
sehr leicht. Gerade motorisch auffällige Kinder haben sich dann wenig
unter Kontrolle, auch wenn sie sich nicht so verhalten möchten. Doch der
innere Druck, ausgelöst durch verspannte Körpermuskulatur, lässt ihnen
meist keine andere Wahl als sich zu bewegen.
Übungen zur Lockerung und Kräftigung der Nackenmuskulatur –
besonders vor typisch schulischen Leistungsanforderungen – wirken
sehr aufbauend und entspannend. Wird außerdem langsame Musik zur
Unterstützung eingesetzt, ist die Wirkung besonders ausgeprägt.

Kopfschaukeln

Der Kopf wird von einer Schulter zur anderen geschaukelt. Dabei wird
sehr langsam und behutsam die gesamte Bewegungsmöglichkeit ausge-
nutzt.
Die gleiche Übung langsam und ruhig von vorne nach hinten durchführen. Das Kinn auf die Brust legen, bis die Nackenmuskulatur
gespannt ist, dann langsam nach hinten führen. Dabei wird sich automatisch der Mund öffnen, die Atmung sollte jedoch nicht unterbrochen
werden.

Kopf einsperren

Durch Hochziehen der Schultern wird der Kopf „eingesperrt". Die Kinder sollen nun versuchen, die gleichen Bewegungen wie beim Kopfschaukeln zu machen. Dies ist fast unmöglich.

Nun „wächst" der Kopf aus den Schultern heraus. Der Hals wird scheinbar immer länger bis ein „Giraffenhals" entsteht.

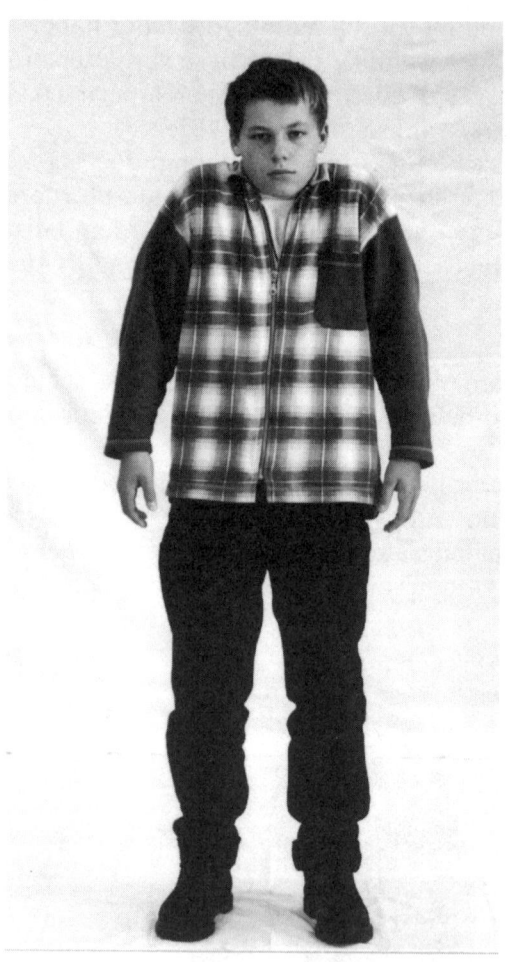

Kopf durch die Wand

Die Kinder sitzen gerade, drücken die Stirn gegen die Handflächen – sie versuchen durch die Wand zu kommen – und zählen dabei bis sechs. Die Atmung sollte nicht unterbrochen werden. Musik unterstützt den Vorgang.

Jetzt die Hände am Hinterkopf verschränken und den Kopf gegen die Hände drücken.

Nun versuchen die Kinder es seitlich. Handballen an die Scheitelfläche.
Der Kopf wird im Wechsel gegen die Hände gedrückt.

Die Eule

Bei dieser Übung wird der Kopf langsam von einer Seite zur anderen gedreht. Mit der rechten Hand wird dabei gleichzeitig sanft die Muskulatur von der linken Schulter zum Nacken und umgekehrt massiert. Anschließend massiert die linke Hand die Muskulatur auf der rechten Halsseite.

Den Kindern ist diese Übung leicht zu erklären. Dazu wird von der Fähigkeit der Eule erzählt, die ihren Kopf um fast 180 Grad drehen kann. Wenn diese Übung an die anderen angeschlossen wird, kann sie als Lockerungsübung nach der großen Kraftanstrengung des Durch-die-Wand-Gehens angekündigt werden.
Sehr häufig ist zu beobachten, dass nach dem Durchführen dieser Übungen eine deutliche Lockerung der Schreibbewegung eintritt und eine bessere Flüssigkeit des Schreibablaufes bei älteren Kindern deutlich wird.

Voraussetzung für diese Übungen ist, dass keine körperlichen Besonderheiten wie organisch bedingte Verkrampfungen oder Verletzungen vorliegen (Schülerunterlagen). Sind diese Übungen unangenehm für die Kinder, sollten die Eltern darüber informiert werden, um eine medizinische Abklärung zu veranlassen. Ein Gespräch mit dem schulärztlichen Dienst ist in einem solchen Fall ebenfalls anzuraten. Wichtig ist, dass Kinder nicht zu Übungen gezwungen werden. Diese Übungen müssen lustvoll erlebt werden, wenn sie positve Impulse setzen sollen.

Die Schulterpumpe

Im Wechsel werden mehrmals die Schultern hochgezogen. Die Arme liegen dabei am Körper. Anschließend werden beide Schultern gehoben und langsam wieder gesenkt. Manchen Kindern fällt diese Übung schwer, da sie mehr die Arme als die Schultern bewegen.
Diese Schulterbewegungsübung steigert die Beweglichkeit im Schulterbereich und erleichtert es zu schreiben, Linien zu ziehen und zu malen.

Arm-Brustkorb-Aktivierung

Diese isometrische Übung aktiviert die Muskulatur der oberen Brustkorbregion und im Schulterbereich. Zunächst sollten die Kinder bewusst ihre Arme wahrnehmen. Versuchen Sie – eventuell unterstützt mit Musik – die Aufmerksamkeit auf die Arme zu lenken, z. B.:

- „Wie empfinde ich meine Arme und die Schultern?"
- „Können beide Arme locker an meinem Körper liegen?"
- „Spüre ich meine Hände, meine Unterarme, meine Oberarme, meine Schultern?"

Nun heben die Kinder einen Arm hoch, der andere Arm hält ihn am Ellenbogen fest (Abbildung 1). Der gestreckte Arm versucht, sich in die vier Himmelsrichtungen fortzubewegen. Der andere Arm verhindert dies durch Festhalten (Abbildungen 2 – 4). Dabei möglichst gleichmäßig weiteratmen. Nach der Übung vergleichen die Kinder erneut ihre beiden Arme. Anschließend erfolgt die gleiche Übung mit dem anderen Arm.

Bei der Einführung wird die Übung dem Altersniveau der Kinder entsprechend erklärend begleitet, z. B.:

- „Der gestreckte Arm möchte zum Fenster zeigen, die andere Hand hält ihn fest und lässt ihn nicht weg."
- „Der gestreckte Arm möchte zur Tür zeigen, doch die andere Hand verhindert dies."
- „Der gestreckte Arm möchte nach vorn fallen, doch die andere Hand hält ihn zurück."
- „Der gestreckte Arm möchte sich weiter nach hinten beugen, die andere Hand lässt das nicht zu."

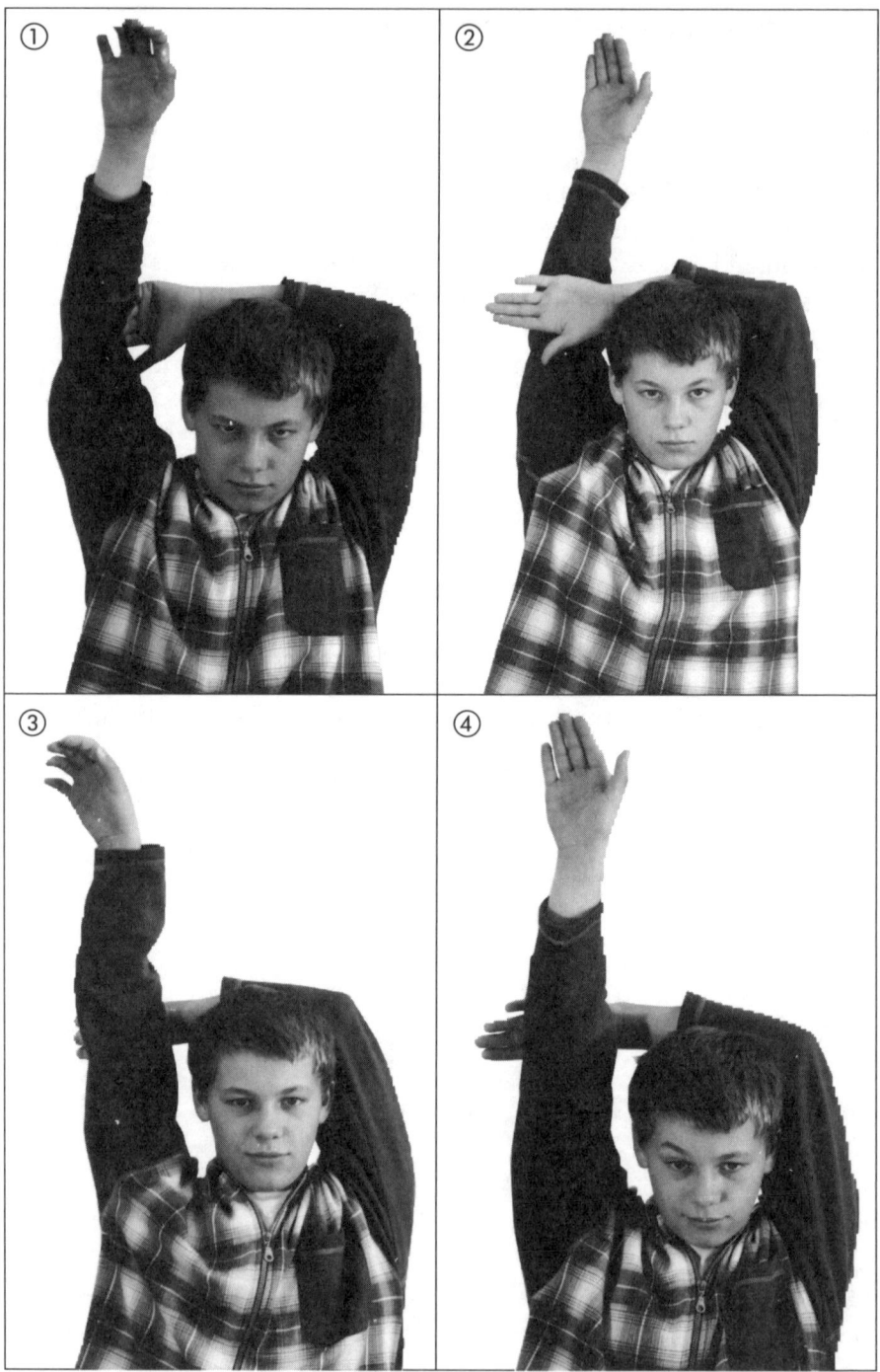

Interessant ist, wie durch solche Übungen das Bewusstsein der Kinder für ihren Körper und ihre körperliche Beweglichkeit steigt. Ein gesundes Körperempfinden und eine angemessene Körperwahrnehmung sind für die kindliche Entwicklung besonders wichtig. Der Körper des Kleinkindes stellt die erste Bezugsgröße dar, von dem aus der Raum um es herum strukturiert und gegliedert wird. Damit bildet sich ein erstes wichtiges Ordnungsprinzip heraus, das als Grundfunktion für mathematisches Denken bedeutsam ist. Ein späteres erneutes bewusstes Erleben der Körperlichkeit aktiviert sicherlich auch unbewusste Erfahrungen und schafft so eine größere Offenheit für die Aufnahme neuer Lernstoffe.

Kobra

Mit dieser Yoga-Übung werden die Rückenmuskulatur, die Schultermuskulatur und der gesamte Brustkorb aktiviert. Dabei ist die bewusste Atmung wichtig. Diese Übung gelingt jüngeren Kindern meist nur in Ansätzen.

Die Kinder liegen auf dem Bauch auf einer Matte oder einer Decke. Die Arme sind locker nach vorne gerichtet und liegen neben den Schultern. Lenken Sie nun die Aufmerksamkeit des Kindes auf die Atmung. Machen Sie ihm bewusst, wie der Atem einstreicht, ausstreicht, den Brustkorb beim Einatmen hebt und senkt, wie der Bauch sich gegen die Unterlage drückt und wieder nachgibt, wie der Atem sogar gegen die Wirbelsäule und die Flanken drückt und der Druck wieder nachlässt:

- „Du spürst, wie dein Atem langsam durch die Nase in deinen Körper einströmt."
- „Du spürst, wie der Atem langsam durch die Luftröhre streicht und deinen Brustkorb weitet."
- „Du spürst, wie der Brustkorb beim Ausatmen wieder mehr auf dem Boden liegt."
- „Deine nächsten drei Atemzüge lenkst du in den Bauch. Du spürst, wie sich dein Bauch gegen den Boden drückt und wie dein Bauch beim Ausatmen fest am Boden liegen bleibt."
- „Du lenkst nun deine Atemzüge in den unteren Rücken. Du spürst, wie sich deine Lendenwirbelsäule hebt und scheinbar länger wird."
- „Du lenkst deine nächsten Atemzüge um die linke Körperseite. Du spürst, wie sie sich langsam dehnt."
- „Deine nächsten Atemzüge lassen Luft in die rechte Körperseite fließen und dehnen dich ganz sanft."

- „Dein ganzer Körper ist nun durch das Atmen gedehnt, locker und weit."
- „Nun kannst du deinen Kopf langsam immer höher aufrichten, dein Oberkörper folgt ihm, bis du zur Zimmerdecke schauen kannst. Deine Hände und Arme helfen leicht dabei. Dein Atem fließt weiter. Er wirkt fast wie eine Pumpe."

Das Kind hebt seinen Kopf langsam und versucht zur Decke zu schauen. Dann hebt es seinen Hals, die Schultern und schließlich den oberen Teil des Rückens. Die Hände unterstützen dabei nur leicht. Bei zunehmender Übung wird die Bewegung mehr von der Rückenmuskulatur als von den Händen ausgeführt. Der Beckenboden und die Beine bleiben auf dem Boden. Die Atmung fließt ruhig und wird nicht angehalten. Nach etwa fünf bis zwanzig Sekunden senkt sich der Körper langsam und verharrt in der Ausgangsposition. Mit zunehmender Übung gelingt es den Kindern, beim Auf- und Ablassen des Körpers jeden Wirbel zu spüren:

- „Bei jedem Ausatmen rollt sich jeder Wirbel deiner Wirbelsäule wie die Glieder einer Kette langsam zum Boden ab."

Die Entwicklung der Rückenmuskulatur ist für die Aufmerksamkeit von großer Bedeutung. Die großen Muskeln des Rückens melden sowohl über das Gleichgewichtsorgan wie über die Nervenfasern der Muskeln dem Hirn ständig Position und Lage des Körpers. Dadurch bleibt das Gehirn in ständiger Aktivität. Das gesamte Gehirn wird optimal mit Sauerstoff und mit Nahrung versorgt. Sitzen wir bequem in einem Sessel, haben den Rücken abgerundet und schauen fern, dann melden die Nervenrezeptoren dem Hirn „Entspannung". Vielen Zeitgenossen fallen dann die Augen zu und sie schlafen selbst bei Krimis ein. Auch die großen Sitzbälle, von den Krankenkassen für den Gebrauch sehr empfohlen, fördern die Rückenmuskelaktivität.

Energiegähnen

Gähnen ist ein natürlicher Reflex, der die gesamte Körperatmung effizienter macht und den Kreislauf anregt. Energiegähnen aktiviert den Körper, indem die gesamte Sauerstoffzufuhr – vor allem zum Gehirn – verbessert wird. Verstärkt wird dieser Effekt dadurch, dass während des Gähnens die Kiefermuskulatur leicht massiert wird. Wichtig dabei ist, dass der Mund geöffnet werden darf und nicht verkrampfen soll. Bei regelmäßiger Anwendung gelingt es dem Kind sogar, die Atmung dabei bewusst wahrzunehmen, wie sie in den Körper einstreicht, ihre Energie dort abgibt und alle Ballaststoffe mit hinausnimmt.

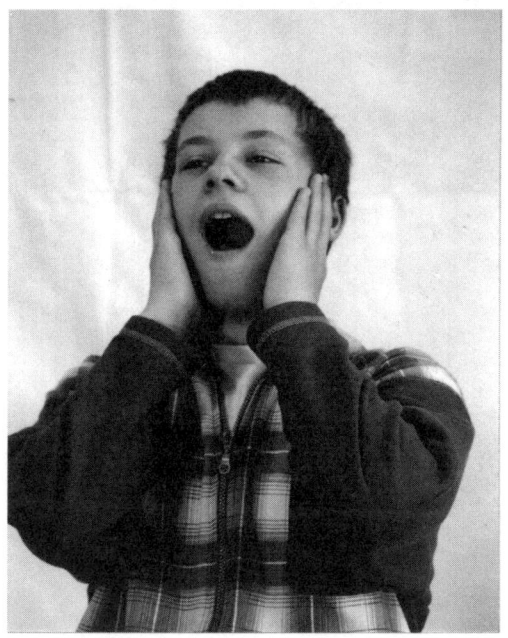

Die Fußpumpe

Diese Übung und die folgende Wadenpumpe soll die natürliche Länge der Sehnen im Fuß und im Unterschenkel wiederherstellen. Die Länge der Muskulatur auch in diesem Körperbereich melden dem Hirn den körperlichen Zustand. In der Ruhe- und Entspannungshaltung sind die Füße meist leicht nach vorne gerichtet.

Bei der Fußpumpe drücken die Kinder mit den Fingern leicht Anfang und Ende der Wadenmuskulatur zusammen, also oberhalb der Ferse und unterhalb der Kniekehle. Dabei bewegen sie die Zehen langsam auf und ab. Durch das leichte Kneifen verlängert sich die Sehne und der Fuß lässt sich zunehmend leichter bewegen. Anschließend wird der andere Fuß bewegt.

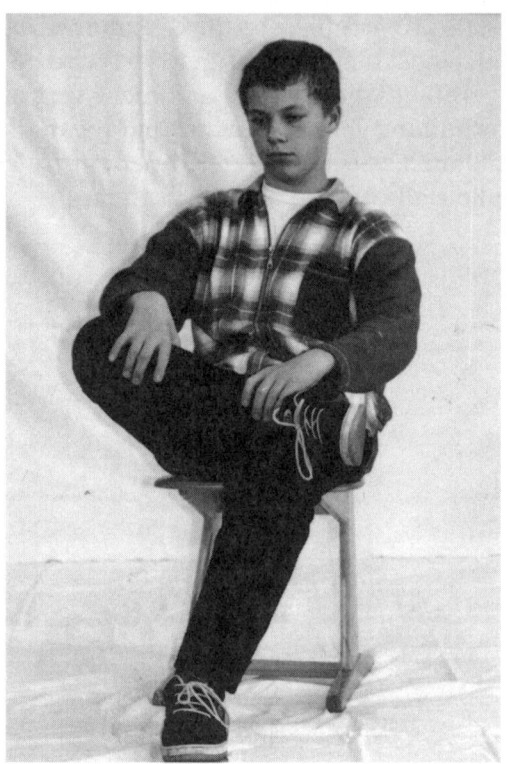

Wadenpumpe

Diese Übung ist eine Variante der Fußpumpe. Die Kinder halten sich an der Stuhllehne fest und stützen sich mit den Händen ab. Sie stellen einen Fuß nach hinten und setzen den ganzen Fuß auf den Boden auf. Das vordere Bein ist leicht abgewinkelt. Nun heben sie den Fuß und schieben dabei das Gewicht auf das abgewinkelte Bein. Die Übung wird rhythmisch wiederholt, dabei wird das Gewicht durch das Heben und Senken des hinteren Beines jeweils verlagert. Bei der Abwärtsbewegung sollten die Kinder ausatmen.

Dies Bewegung sollte zunehmend langsamer gemacht und dabei die Atmung bewusst wahrgenommen werden. Bei der Wadenpumpe wird die Muskulatur des Oberschenkels im hinteren Bereich gedehnt.

Vielen Kindern hilft es, das Bild der Pumpe vor Augen zu haben, wobei die Atmung als Bild für das Auftanken von Energie leicht angenommen wird (das Bild einer Schwengelpumpe erleichtert die Vorstellung):

- „Stell dir eine Gartenpumpe vor. Beim Anheben des Schwengels (Fuß hebt sich) holt die Pumpe Luft. Beim Herunterdrücken (Fuß senkt sich) fließt das Brunnenwasser heraus. Deine ausgeatmete Luft ist wie das Wasser, sie fließt hörbar aus dir heraus."

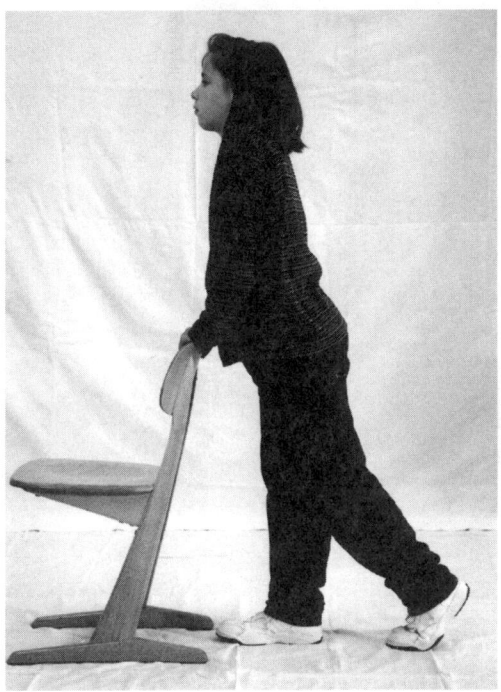

Erdknöpfe

Die Finger der einen Hand, meist Zeige- und Mittelfinger, liegen in der Kinngrube. Die andere Hand liegt oberhalb des Schambeins oder auf dem Bauchnabel. Bei dieser Übung beobachten die Kinder, wie der Atem durch die Nase leicht einströmt, den Körper hinabfährt bis zur Hand und wie er sich als Energiefontäne mächtig wieder nach oben bewegt. Dabei kann die untere Hand – ohne den Körper zu berühren – die Aufwärtsbewegung des Energieflusses verstärken. Nach drei Phasen wechseln die Hände ihre Positionen. Mit zunehmender Übung gelingt es den Kindern, sich auf sich selbst zu konzentrieren, dabei nach unten auf die Erde zu schauen oder die Augen zu schließen.

Die Kindern können auch die Unterlippe in der Kinngrube leicht rub-
beln, während die andere Hand ruhig den Bauchnabel hält.

- „Jeder Sportler muss vor einer sportlichen Aktivität seine Muskeln
  lockern. Da wir gut artikulierend lesen wollen, müssen wir auch
  unsere Lippen sehr genau und deutlich bewegen können. Deshalb
  lockern wir erst einmal die Unterlippe."

Raumknöpfe

Die Finger der einen Hand ruhen auf der Oberlippe, während die Finger der anderen Hand direkt über dem Steißbein liegen. Dabei wieder die Oberlippe lockern. Nach einiger Übung gelingt es auch hier den Kindern, die Atmung mental über die Wirbelsäule gleiten zu lassen und dabei Energie aufzutanken. Meist wird bei dieser Übung eine deutliche Entspannung wahrgenommen.

Gehirnknöpfe

Diese Akupunkturpunkte befinden sich im weichen Gewebe im Dreieck von Schlüsselbein und Brustbein. Sie werden meist mit Zeigefinger und Daumen der einen Hand massiert, während die andere Hand den Bauchnabel berührt. Diese Punkte werden zwanzig bis dreißig Sekunden lang berührt. Intensiver ist die Wirkung, wenn sie leicht massiert werden. Haben die Kinder eine gewisse Geschicklichkeit erreicht, können die Hände gewechselt werden.

Kinder finden meist schnell diese Punkte, wollen sie jedoch häufig nicht berühren oder empfinden es als unangenehm. Bei Berührung durch Erwachsene, selbst wenn sie es gerne wollen, empfinden sie diese Stelle als kitzlig. Wenn sie jedoch gewiss sein können, dass sie nicht gekitzelt werden, empfinden sie die sanfte Berührung dann als wohltuend.

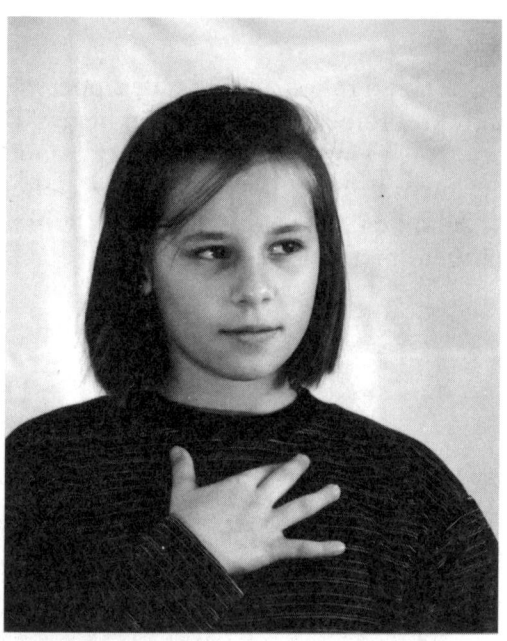

Entspannungsübungen

Wer Entspannungsübungen regelmäßig selbst anwendet, schätzt ihre aufbauende, wohltuende und lösende, aber auch Energie steigernde Wirkung. Kinder tun sich häufig schwer, Vorformen der Entspannung zu erleben. Manchmal wird dieser Zustand von ihnen als leer und damit langweilig empfunden. Langeweile ist aber unangenehm, Unangenehmes mögen Kinder nicht. Deshalb stimulieren sie sich selbst durch Unruhe, Kaspereien oder Albernheiten.

Wenn veränderte Körperhaltungen, wie auf dem Rücken liegen, die Kutscherhaltung (völlig entspannte, in sich hängende Sitzhaltung) einnehmen oder mit verschränkten Armen am Tisch sitzen und ruhevoll auf einen Punkt schauen, nicht phasenweise eingenommen werden können, weist dies auf Gleichgewichtsunsicherheiten, diffuse Raumwahrnehmung oder mangelndes Fokussieren durch die Augen hin. Werden diese Schwächen häufiger beobachtet, sollten die Eltern oder auch andere schulische Fachdienste befragt und um Klärung gebeten werden. Liegen die Schwächen im Kind und nicht in seinem sozialen Umfeld, so sollten ihm andere Haltungen gestattet werden. Diese Ausnahmeregelung sollte aber den anderen Kindern wohlwollend erklärt werden, nicht in Form einer „Krankheitsbeschreibung", sondern dass das Kind nur so zu Ruhe und Entspannung finden kann.

40

Eine durchdachte Hinführung zur Entspannung ist wichtig, da viele Kinder auch durch Umweltbedingungen das Sich-Ausruhen oder das In-sich-Hören, das In-sich-Schauen kaum mehr können. Es empfiehlt sich deshalb, mit kleineren Übungen zu beginnen, z. B.:

- „Wir lauschen einmal eine Minute auf das, was wir alles im und um das Schulhaus herum hören und sprechen anschließend darüber."
- „Wir lauschen zwei Minuten lang und können dabei die Augen schließen."
- „Wir lauschen, ob wir im oder vor dem Schulhaus Stimmen vernehmen."
- „Wir lauschen mit geschlossenen Augen auf das, was wir in unserem Klassenzimmer vernehmen."
- „Wir hören das Ticken der Uhr im Klassenzimmer und zählen mit."
- „Wir versuchen mit geschlossenen Augen Lieder zu erkennen, die ganz leise mit dem Kassettenrekorder abgespielt werden."
- „Wir hören einmal in uns hinein und hören den Atem in uns rauschen."
- „Wir sehen dem Sekundenzeiger der Klassenuhr eine Minute lang zu."
- „Wir schauen einer Kerze zu, wie sie sich in der Luft sanft bewegt." (Dazu wird leise Musik gespielt.)
- „Wir setzen uns bequem hin, legen die verschränkten Arme auf den Tisch, schließen die Augen und versuchen die Kerze brennen zu hören."
- „Wir baden die Hände in Materialschachteln (kleine Pappschachteln, mit Sand, Steinchen u. Ä.) und versuchen dabei, unserem Lieblingslied zu lauschen."

Gesteigert wird das Sozialverhalten, wenn Ruhe und Ruheverhalten mit einem Partner erreicht wird:

- Bei leiser Musik sitzen die Kinder Rücken an Rücken, hören den Atem des Partners und empfinden die Wärme im Rücken.
- Zwei Kinder fassen sich jeweils an den Händen und hören mit geschlossenen Augen einem Lied zu.
- Während der Dauer eines leise abgespielten Liedes wird der Rücken des Partners mit einem Tennisball massiert.
- Die Kinder streicheln ihrem Partner mit verschiedenen Materialien (Stoff, Bürste, etc.) die Arme.
- „Wir halten uns an den Händen (im Sitzkreis) und lauschen einem ruhigen Musikstück und wünschen uns erst dann einen guten Morgen."

Hierbei sind Ihrer Kreativität keine Grenzen gesetzt, jedoch sollten Sie auf die Bedürfnisse der Kinder eingehen.

Zusammengerolltes Blatt

Diese Yogaübung bietet sich für den Sportunterricht an.

Die Kinder knien mit geschlossenen Beinen auf dem Boden. Sie setzen sich auf die Fersen und legen die Hände weit zurück, die Fingerspitzen zeigen nach hinten. Sie senken den Kopf langsam zu Boden und berühren ihn leicht mit der Stirn oder drehen den Kopf zur Seite. Die Hände gleiten nach hinten, wobei die Handflächen nach oben zeigen; sie ruhen in der Endstellung locker neben den Beinen. Die Schultern hängen entspannt. Mit der Zeit wird diese Übung von den Kindern als angenehm empfunden.

Leise Musik oder gar eine Geschichte als Traumreise ist hilfreich, z. B.:
- „Ich bin ein kleines zusammengerolltes Blatt. Noch bin ich müde und ein wenig steif von der kühlen Nacht. Doch ab und zu spüre ich etwas an meiner Haut. Ja, die Sonne schickt ihre Strahlen zu mir. Sie treffen mich und wärmen mich. Zuerst spüre ich sie an meinem Rücken, dann an meiner linken Schulter, an meinem linken Arm, an meinen Füßen, an meinem rechten Arm, an meiner rechten Schulter, an meinem Hals, an meinem Kopf.
  Ich merke, wie ich immer wärmer werde, ganz tief in mir spüre ich die Wärme der Sonne. Ich spüre den Tau auf meinem Rücken und atme den Duft warmer, feuchter Luft ein. Die Sonne wird stärker. Ich atme tief ein. Mit jedem neuen Atemzug entfalte ich mich etwas.
  Jetzt bin ich ganz ausgefaltet. Mit einem letzten tiefen Atemzug dehne ich meine Arme und gähne kräftig. Jetzt bin ich voller Energie und die Sonne bestrahlt meinen ganzen Körper."

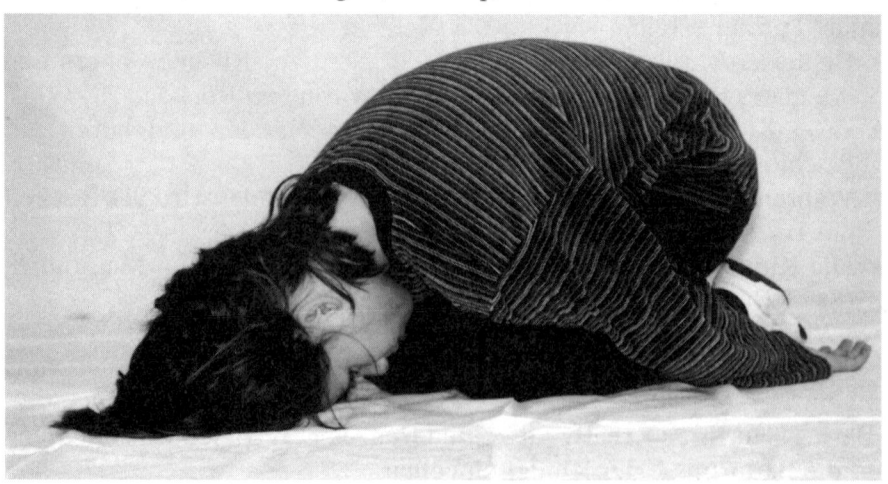

Energieübungen

Diese Übung besteht aus zwei Teilen.

Teil 1: Die Kinder sitzen bequem auf einem Stuhl und kreuzen ein Bein über das andere Bein. Die Unterarme werden nun überkreuzt. Die Finger der einen Hand fassen den Fußballen des oberen Beines und die andere Hand umfasst das Knie. In dieser Position sitzend atmen die Kinder langsam und tief ein. Die Augen sollten mit der Zeit geschlossen werden. Beim Einatmen durch die Nase wird die Zunge gegen den Gaumen gepresst, beim Ausatmen entspannt sich die Zunge wieder.

 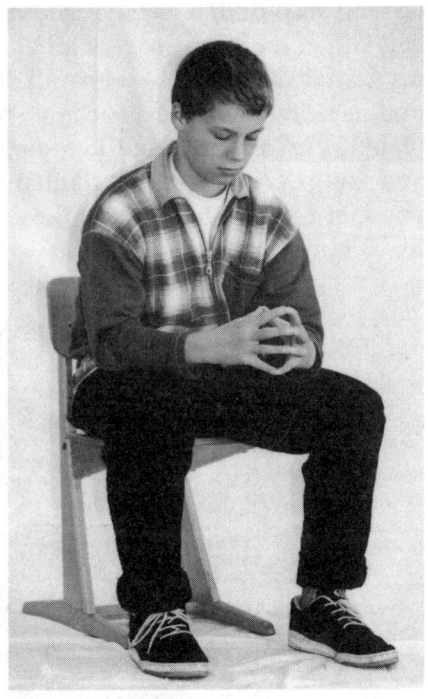

Teil 2: Nun stellen die Kinder beide Beine entspannt parallel auf den Boden. Die Fingerspitzen beider Hände berühren sich leicht. Die Atmung wird beobachtend bis zu zwei Minuten fortgesetzt. Größere Kinder können dabei visualisieren, dass durch diese Haltung die beiden Gehirnhälften miteinander verbunden werden und besser miteinander arbeiten können.

Positive Punkte

Diese Punkte befinden sich auf den Stirnbeinhöckern. Sie sind auf der Mitte zwischen Haaransatz und Augenbrauen in Augenhöhe zu finden. Eltern können diese Punkte bei ihren Kindern leicht finden und sollten diese Übung am Abend durchführen. Da Kinder die positiven Punkte schlecht finden können, genügt es auch, die Handfläche auf die Stirn zu legen und die andere Hand auf das Hinterhauptsbein, einer Erhöhung am Hinterkopf unmittelbar über der Wirbelsäule.

Bei dieser Übung ist es wichtig, sich Ereignisse vorzustellen, die als belastend empfunden wurden. Sie sollen nicht verdrängt, sondern gedanklich aufgearbeitet werden. Dabei ist es nicht notwendig, dass das Ereignis verbalisiert wird, sondern die Situation wird so lange durchgespielt und in Gedanken „besprochen", bis eine Entspannung festzustellen ist. Geübte Anwender bemerken die positive Veränderung durch eine Veränderung der Atmung, die dann meist ruhiger und tiefer wird. Besonders vor dem Einschlafen verhilft diese Übung zu einem entspannten und tiefen Schlaf.

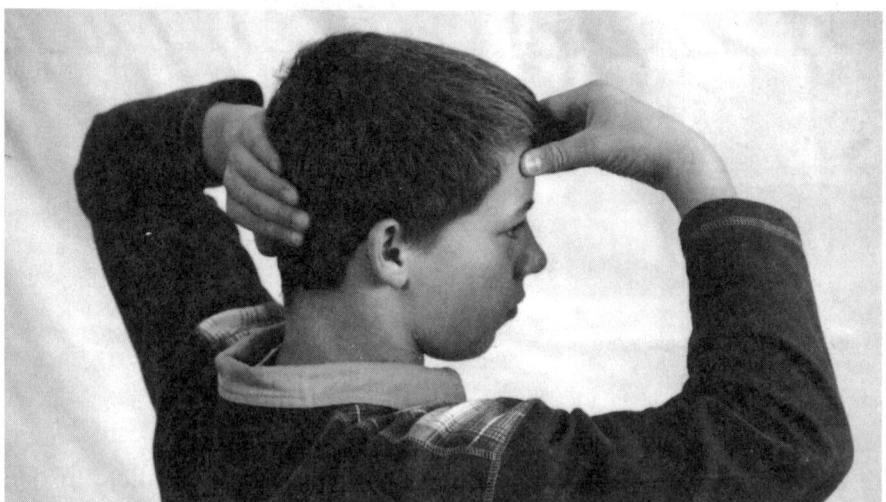

Günstig ist, die negative Situation bewusst in eine positive zu überführen. Dies gelingt Kindern besser, wenn Erzählungen das „innere Visualisieren" begleiten, z. B.:
- „Heute war ein Ereignis, das dich belastet. Du weißt es noch. Es ist noch in deinem Kopf. Versuche diese Situation zu malen. Hole in deinem Kopf deine Stifte und male das Bild. Wenn du fertig bist, sagst du es. Nun betrachte das Bild. Erkennst du, was dich belastet? Könntest

du das Bild ein bisschen ändern? Vielleicht die Farbe ändern? Noch etwas dazumalen? Vielleicht etwas ausradieren und was anderes dazumalen? Möchtest du noch mehr verändern? Möchtst du das Bild vielleicht aufhängen oder lieber in die Tasche stecken? Ist das Bild so, wie du es selbst gerne hättest? Möchtest du das Bild ständig bei dir haben? Ist es jetzt so, dass du zufrieden bist mit dem Bild? Wenn es so für dich am besten ist, dann halte es ganz fest in deinem Kopf."
Die Geschichte sollte für das Kind nur einen Impuls darstellen.
Die Handstellung bleibt noch einige Zeit so erhalten und wird langsam gelöst. Entspannende Musik unterstützt die Übung sehr.

Auch motorisch unruhige Kinder können sich nach einiger Zeit gut an diese Form der Entspannung gewöhnen. Sehr positiv ist, dass niemand über das belastende oder als negativ empfundene Ereignis informiert werden muss, wenn es das betroffene Kind nicht will. Ein ähnliches Vorgehen eignet sich aber auch für den Stressabbau in Eigenhilfe.

Bewegungslieder und Sprechspiele
von Irene Wirth

Mehlsuppe

Text und Melodie mündlich überliefert

1. Mehl - sup - pe, Mehl - sup - pe ess ich ger - ne,

2. Mehl - sup - pe, Mehl - sup - pe hat kei - ne Ker - ne.

3. Mehl - sup - pe ist ein Nah - rungs - wun - der,

4. die rutscht von al - lei - ne run - ter.

Spielvorschlag

1: einmal rechts herum drehen.
2: einmal links herum drehen
3: stampfen am Platz
4: Der ganze Körper federt im Rhythmus immer weiter nach unten.

Das Lied wird mehrmals hintereinander gesungen – und jedesmal schneller.

Hört ihr die Regenwürmer husten?

Text mündlich überliefert

Hört ihr die Re-gen-wür-mer hus-ten, hus-ten,

wenn sie ins dunk-le Erd-reich ziehn, zwo, drei, vier,

wie sie sich win-den, wenn sie ver-schwin-den, auf

Nim-mer-nim-mer-wie - der - seh'n zwo, drei, vier!

1. Zeile: Die Hände klatschen über Kreuz auf die Oberschenkel.
2. Zeile: Die Hände klatschen parallel auf die Oberschenkel.
   Bei „Zwo, drei, vier" klatschen die Hände über Kreuz auf die
   Schultern.
3. Zeile: Schnippen: rechte Hand zur linken Seite,
   Linke Hand zur rechten Seite (ständig wechseln).
4. Zeile: Die Arme kreisen von vorne nach hinten, bei „Zwo, drei, vier"
   klatschen die Hände über Kreuz auf die Schultern.

Das Lied mehrmals wiederholen, dabei langsam beginnen und immer
schneller werden.

Anmerkung: Da niemand weiß, wie die Regenwürmer „husten", kann
jeder sein eigenes Hustengeräusch von sich geben.

Rondospiel

Text: Irene Wirth

Alle:
Im vierten Monat April,
da mache ich nur, was ich will.
(Hände klatschen über Kreuz auf die Oberschenkel
im Sprechrhythmus)

1. Kind:
Ich frag nicht nach Schule und Welt,
ich tu nur, was mir grad gefällt
(Kind macht eine Übung vor, die anderen machen mit)

Alle:
Im vierten Monat …

2. Kind:
(denkt sich eine andere Übung aus und macht diese vor)

Alle:
Im vierten Monat …

3., 4., 5., 6. Kind usw.:
Den Kindern stehen alle Möglichkeiten offen, ihre Fantasie einzusetzen
und sich immer neue und andere Bewegungsformen auszudenken.

Vorschläge für Klang- und Körpergesten

Hände:
klatschen
klatschen „hohl"
schnippen rechts und links
schnalzen rechts und links
auf die Oberschenkel klatschen
auf die Knie klatschen
auf den Po klatschen
zupfen: rechte Hand das linke Ohr, linke Hand das rechte Ohr
über Kreuz auf die Schultern klatschen
klatschen: rechte Hand auf die linke Fußsohle, linke Hand auf die rechte
Fußsohle
Finger:
tippen: einzeln – rechts und links im Wechsel
tremolieren: alle Finger

Ellenbogen:
rechter Ellenbogen tupft auf das linke Knie, der linke Ellenbogen auf
das rechte
mit dem Ellenbogen auf die Tischplatte klopfen

Füße:
stampfen rechts und links im Wechsel
tippen: mit der Zehenspitze
tippen: mit der Ferse
tippen: Zehenspitzen und Fersen rechts und links im Wechsel
schwingen: rechtes und linkes Bein nach außen
schwingen: rechtes Bein über das linke Bein nach außen
     linkes Bein über das rechte Bein nach außen

Fäuste:
boxen: nach außen – vorne – oben – unten (gleichzeitig und im Wechsel)
pochen: gleichzeitig im Wechsel auf Tischplatte, Stuhllehne, Sitzfläche,
   Oberschenkel, Stirn, Ellenbogen

Im Stehen:
drehen – Drehsprung – Hochsprung – Hüpfen – Hocke – Einbeinstand –
Scherensprung – alle Arten von Körperdarstellungen

In der bimbambolschen Küche

Text: überliefert,
Melodie: Margarete Derlien.

A   In der bim-bam-bol-schen Kü-che geht es bim-bam-bo-lisch zu:
B   Tanzt der bim-bam-bol-sche Och-se mit der bim-bam-bol-schen Kuh.

C   Und die bim-bam-bol-sche Mut-ter kocht den bim-bam-bol-schen Brei:
D   Und die bim-bam-bol-schen Kin-der komm'n ge-lau-fen mit Ge-schrei.

E   Es-sen ih-re Tel-ler, Schüs-seln al-le bim-bam-bo-lisch leer.

F   In die bim-bam-bol-schen Bäuch-lein geht ge-wiss kein Krüm-chen mehr!

Spielvorschlag:

A: Rechten Fuß nach links schwingen, linken Fuß nach rechts schwingen – im Rhythmus ständig wechseln

B: Einmal nach rechts, einmal nach links drehen, Hände an die Hüften

C: Mit beiden Händen Rührbewegungen machen

D: Schnelles Gehen am Platz

E: Essbewegungen mit der rechten und linken Hand im Wechsel

F: Den Bauch reiben

Das Lied wird zweimal hintereinander gesungen und gespielt.

Aus: LUDI MUSICI Band 1 – Spiellieder. Fidula-Verlag. Boppard/Rhein u. Salzburg

Gehst du mit?

Text: Irene Wirth

Gehst du mit nach Pfefferkuchen?
Fliegst du mit nach Janostan?
Reitest du auf Mondscheinbuchen?
Eins, zwei, drei, jetzt bist du dran.

Spielvorschlag 1

Die Lehrkraft macht im Sprechrhythmus Bewegungen dazu, die Kinder machen sie mit.

Spielvorschlag 2

Wie 1, bei „jetzt bis du dran" wird auf ein Kind gezeigt. Dieses erfindet nun selbst Übungen – die andern machen mit. Die Reihe wird so fortgesetzt.

Spielvorschlag 3

Die Bewegungen werden eingegrenzt, z. B.: „Mache nur etwas mit den Füßen, den Händen, den Ellenbogen, dem Kopf." Oder: „Mache etwas mit Händen und Füßen." (parallel oder im Wechsel)
„Mache etwas mit Händen und Füßen über Kreuz." Die Übungen wiederholen sich, solange der Text gesprochen wird.

Bauchlied

Text und Melodie: Atze (Thomas Sutter).

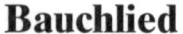

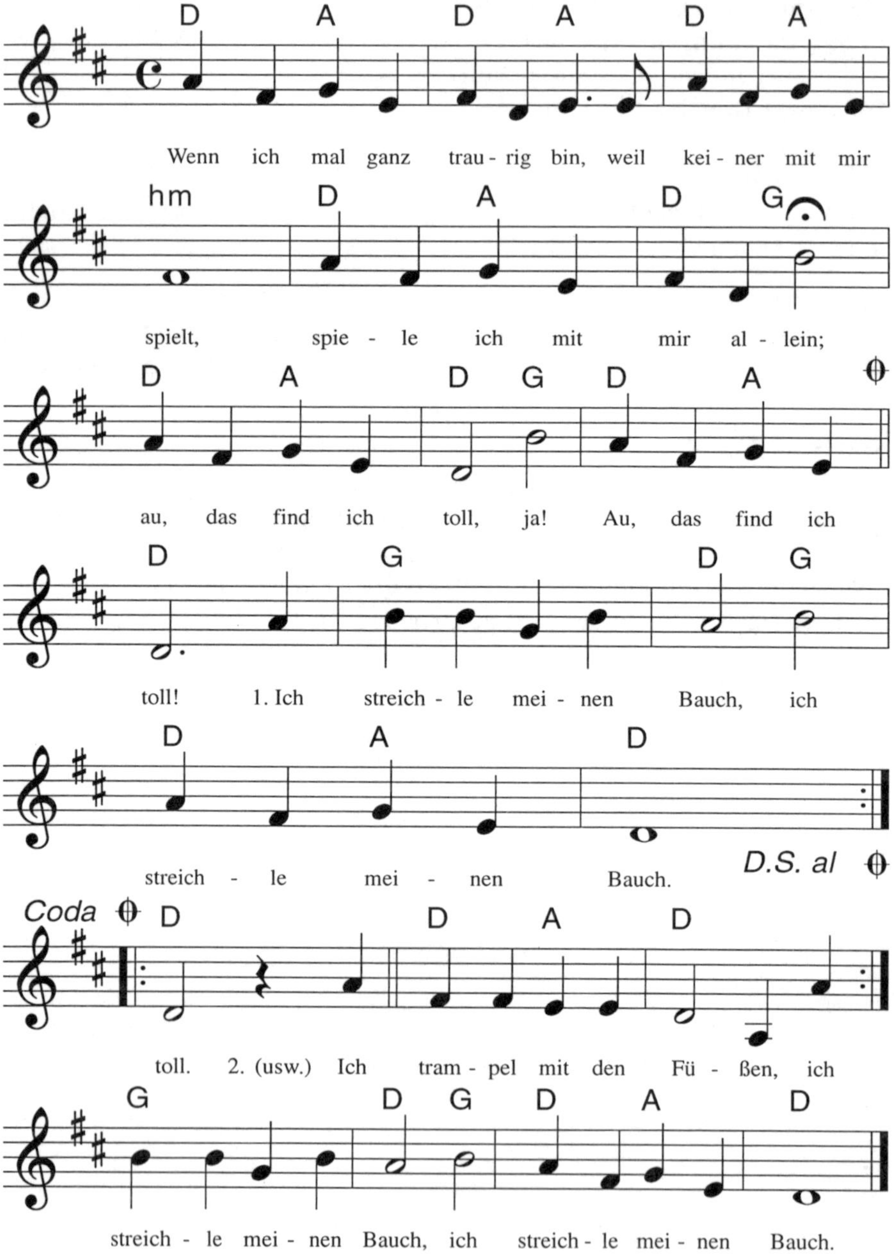
D A D A D A
Wenn ich mal ganz trau - rig bin, weil kei - ner mit mir
hm D A D G
spielt, spie - le ich mit mir al - lein;
D A D G D A
au, das find ich toll, ja! Au, das find ich
D G D G
toll! 1. Ich streich - le mei - nen Bauch, ich
D A D
streich - le mei - nen Bauch.
D.S. al
Coda D D A D
toll. 2. (usw.) Ich tram - pel mit den Fü - ßen, ich
G D G D A D
streich - le mei - nen Bauch, ich streich - le mei - nen Bauch.

Aus: Hans Poppel, Ich bin ich und du bist du. Ein Kinderliederbuch. Patmos Verlag. Düsseldorf 1995

Die Bewegungen werden nach den Textangaben ausgeführt.

Wenn ich mal ganz traurig bin …

Wenn ich mal ganz traurig bin …

2. Ich trampel mit den Füßen,
   ich streichel meinen Bauch,
   ich streichel meinen Bauch.

4. Ich wackel mit dem Hintern,
   ich klopf mir auf die Schenkel,
   ich trampel mit den Füßen,
   ich streichel meinen Bauch,
   ich streichel meinen Bauch.

Wenn ich mal ganz traurig bin …

3. Ich klopf mir auf die Schenkel,
   ich trampel mit den Füßen,
   ich streichel meinen Bauch,
   ich streichel meinen Bauch.

Wenn ich mal ganz traurig bin …

5. Ich klatsche in die Hände,
   ich wackel mit dem Hintern,
   ich klopf mir auf die Schenkel,
   ich trampel mit den Füßen,
   ich streichel meinen Bauch,
   ich streichel meinen Bauch.

Regenlied

Text: Fredrik Vahle,
Melodie: (trad.) Fredrik Vahle

1. Es reg-net, es reg-net, der Na-se, der be-geg-net ein

di-cker run-der Trop-fen, und der tut auf sie klop-fen, und

wie und was, da ist die Na-se nass.

Aus: *Hans Poppel,* Ich bin ich und du bist du. Ein Kinderliederbuch. Patmos Verlag. Düsseldorf 1995

Spielvorschlag

1. Es regnet, es regnet,
   der Nase, der begegnet

   ein dicker runder Tropfen,
   und der tut auf sie klopfen,
   und wie und was,
   da ist die Nase nass.

2. Es regnet, es regnet,
   und was mir da begegnet,

   sind wunderschöne Pfützen,
   in denen kann man spritzen,
   in denen kann man patschen,
   in denen kann man matschen
   als Pfützenkapitän,
   das solltet ihr mal sehn.

Finger zappelnd von oben nach unten bewegen.

Zeigefinger der rechten und linken Hand tupfen abwechselnd auf die Nase.

Finger zappelnd von oben nach unten bewegen.

Rechte Hand klatscht auf die linke Fußsohle, linke Hand klatscht auf die rechte Fußsohle (im Wechsel).

3. Es regnet, es regnet,
o je, wie viel es regnet,

die großen grauen Wolken,
die werden jetzt gemolken,
der Wind mit kalten Händen
tut das an allen Enden.
Und wie und was,
da wird die Erde nass.

Finger zappelnd von oben nach unten bewegen.

Rechte und linke Hand von oben nach unten im Wechsel (melken).

4. Es regnet, es regnet,
o je, wie viel es regnet,

es regnet auf die Berge
und auf die Gartenzwerge
und auf die größten Dächer
und in den Eierbecher.
Und wie und was,
das alles, das wird nass.

Finger zappelnd von oben nach unten bewegen.

Rechte und linke Hand im Wechsel lassen es auf der gegenüberliegenden Seite regnen.

5. Es regnet, es regnet,
der Regen, der begegnet

am Ende noch dem Meer,
und das sagt: „Bitte sehr,
was soll denn das, ich bin schon nass
das Meer ist doch kein Regenfass
Hör auf mit deinem Weinen.
Jetzt soll die Sonne scheinen."

Finger zappelnd von oben nach unten bewegen.

Rechte Hand zum linken Knie, linke Hand zum rechten Knie (im Wechsel).

6. Die Sonnen, die Sonne
die gute, warme Sonne,
die scheint jetzt auf die Berge
und auf die Gartenzwerge
und auf das weite Meer.
Da freut das Meer sich sehr.

Mit beiden Händen einen großen Kreis in die Luft zeichnen.

und sogar meine Socken,
die werden wieder trocken.

Rechte Hand klatscht auf linken Socken, linke Hand klatscht auf rechten Socken.

Alle Affen und Giraffen

Text und Melodie mündlich überliefert (1984)

Al - le   Af- fen und Gi - raf- fen ma- chen ding, dang, dong, ma- chen

ding, dang, dong, Pfef- fer - minz- bon- bon, Pfef- fer - minz - bon - bon.

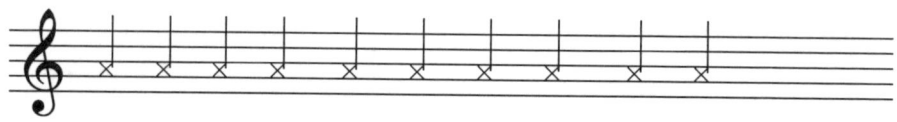

Al - le Schwei- ne   an   der   Lei - ne   ma - chen   bäääähhh.

Bewegungen

Alle Affen und Giraffen machen	Die Hände klatschen im Sprechrhythmus auf die Oberschenkel.
ding – dang – dong	Die rechte Hand tippt an die Stirn, die linke Ellbogenspitze an das rechte Knie.
ding – dang – dong	Die linke Hand tippt an die Stirn, die rechte Ellbogenspitze an das linke Knie.
minz – bon-bon	Wie oben mit der rechten Hand.
minz – bon-bon	Wie oben mit der linken Hand.
Alle Schweine an der Leine	Auf Zehen stehen und Arme nach oben strecken (Zehenbalance).
bähhh	Zunge weit herausstrecken, Kiefer dabei leicht massieren (Energiegähnen).

Boxerspiel

Backenzahn und grüner Kater,
Katzenschwanz und Eulenvater,
Bimmelbahn und Negerkuss,
du bist der, der suchen muss.

Spielvorschlag 1

1. Zeile: Rechte und linke Faust boxen im Wechsel immer zur gegenüberliegenden Seite.

2. Zeile: Rechte Schulter im Sprechrhythmus hochziehen.

3. Zeile: Linke Schulter im Sprechrhythmus hochziehen.

4. Zeile: Beide Fäuste gleichzeitig im Sprechrhythmus ruckartig nach oben stoßen.
Am Schluss laut „Hui" rufen.

Spielvorschlag 2

1. Zeile: Rechte und linke Faust trommeln abwechselnd auf die Brust.

2., 3. Zeile: Die rechte Faust klopft auf das linke Knie, die linke Faust klopft auf das rechte Knie (ständig wechseln).

4. Zeile: Mit den Füßen stampfen – am Schluss „Hurra" rufen und dabei einen Hochsprung machen.

Spielvorschlag 3

1. Zeile: Rechte Faust boxt nach außen.

2. Zeile: Linke Faust boxt nach außen.

3., 4. Zeile: Rechte und linke Faust boxen gleichzeitig über Kreuz nach vorne.

Spielvorschlag 4

Jedes Kind boxt wie es will.

Zitat nach: Die Stadt der Kinder, hrsg. von Gelberg, dtv junior, © Janosch.

Das Bohnenrondo

Text und Melodie: Wilhelm Keller.

Alle:

An- ge- brann- te Boh- nen, an - ge- brann- te Boh - nen, an - ge- brann- te

Boh- nen- sup - pe **1.** mag ich nicht, mag ich nicht, **2.** mag ich nicht!

Ein Kind: (Pfan- ne- ku- chen, Pfan- ne- ku- chen, Pfan- ne- ku- chen)

1. Lie- ber ess' ich Kai - ser- schmarrn, Kai - ser- schmarrn, Kai - ser- schmarrn,

lie- ber ess' ich Kai - ser- schmarrn mit Sta - chel- beer- kom - pott!
(Pfan- ne- ku- chen mit)

Alle: Angebrannte Bohnen . . .

2. Lie- ber ess' ich Schweins- bra - ten, Schweins- bra - ten, Schweins- bra - ten,

lie- ber ess' ich Schweins- bra - ten mit Kar - tof- fel - sa - lat!

Alle: Angebrannte Bohnen . . .

Ein drittes Kind:

3. Lie- ber ess' ich Schin- ken mit Ei, Schin- ken mit Ei, Schin- ken mit Ei,

lie- ber ess' ich Schin- ken mit Ei und But- ter- brot da - zu!

Alle: Angebrannte Bohnen . . .
Ein weiteres Kind:

4. Lie- ber ess' ich Brat - huhn, Brat - huhn, Brat - huhn,

lie- ber ess' ich Brat - huhn mit Reis und ge- misch- tem Sa - lat!

(Und so fort!)

Aus: LUDI MUSICI Band 1 – Spiellieder. Fidula-Verlag. Boppard/Rhein u. Salzburg.

Spielvorschlag

Angebrannte Bohnensuppe...	Die Hände klatschen im Sprechrhythmus ständig wechselnd parallel und über Kreuz auf die Oberschenkel.
1. Lieber ess ich Pfannekuchen ...	Der rechte Ellenbogen tupft auf das linke Knie, der linke Ellenbogen auf das rechte Knie (wiederholen).
2. Lieber ess ich Schweinsbraten ...	Die Hände klatschen über Kreuz an die Schultern (wiederholen).
3. Lieber ess ich Schinken mit Ei ...	Die rechte Hand klatscht auf den linken Oberschenkel, die linke Hand auf den rechten Oberschenkel (wiederholen).
4. Lieber ess ich Brathuhn ...	Im Wechsel auf die Oberschenkel und in die Hände klatschen (wiederholen).

Das Spiel kann so weitergehen. Die Kinder denken sich selbst Texte und Bewegungen dazu aus.

Kleiner Zirkus

Hans Georg Lenzen

V Mei - ne Tan - ten ha - ben En - ten mit be - son - de - ren Ta - len - ten,

wirk - lich was sie al - les kön - nen: Ba - lan - cie - ren, Flü - gel schla - gen,

Fla - schen auf dem Rü - cken tra - gen, Fuß - ball spie - len,

Brenn - holz spal - ten — nur nicht ih - re Schnä - bel hal - ten.

(A wiederholen)

Spielvorschläge

1. Vers:

Meine Tanten haben Enten	Die rechte Hand klopft auf die linke Schulter, die linke Hand auf die rechte Schulter (im Wechsel).
wirklich was sie alles können:	Arme mit kreisenden Bewegungen (Mühlenrad).
Balancieren, Flügel schlagen,	Zehenstand, dabei mit den Armen kreisen (von vorn nach hinten).
Flaschen auf dem Rücken tragen,	Buckel machen.
Fußball spielen,	Von rechts nach links und von links nach rechts kicken.
Brennholz spalten,	Einmal von rechts nach links und einmal von links nach rechts mit beiden Händen „Holz spalten".
nur nicht ihre Schnäbel halten.	Kopf nach rechts und links drehen.

Aus: Hans-Joachim Gelberg (Hrsg.) Die Stadt der Kinder. Georg Bitter Verlag. Recklinghausen 1969.

2. Ferner haben meine Tanten
   einen jungen Elefanten,
   aber der ist ungezogen;
   denn er greift mit seinem Rüssel
   einfach in die Suppenschüssel.
   Ja, der muss noch viel trainieren –
   beispielsweise: Tischmanieren.

Mit dem Kopf nicken.

Mit den Ohren eine liegende Acht mehrmals nach links und rechts malen.

3. Meine Tanten haben Ochsen
   in besonders großen Boxen.
   Diese Tiere sind gefräßig,
   stampfen plump mit ihren Füßen
   in den schönsten Blumenwiesen,
   trampeln in den Gartenbeeten,
   wo sie alles niedertreten.

Beide Arme zeigen große Boxen.

Rechts und links im Wechsel stampfen.

4. Meine Tanten haben Katzen
   mit besonders weichen Tatzen.
   Doch des Nachts wird's ungemütlich:

Beide Ohren sanft streicheln.

Auf dem Dach, aus Küch und Kammer
hört man ihren Katzenjammer.
Nirgends kannst du dich beklagen.
du musst diesen Lärm ertragen.

Beide Hände (Katzenpfoten) zur rechten und linken Seite hoch-strecken.

5. Meine Tanten haben Fische
   in dem Glas auf ihrem Tische.
   wahrlich, diese sind zu loben.

Im Wechsel in die Hände und auf die Oberschenkel klatschen.

schwimmen leise auf und nieder.
singen stumme Wellenlieder,
still bewegen sie die Flossen,
bleiben stetig unverdrossen.

Schwimmbewegung mit beiden Händen.

6. Meine Tanten haben Mäuschen
   bei den Enten hinterm Häuschen.
   Ach, wie sind die lieb und zierlich!

Mit den Fingern zappeln.

Suchen heimlich und ganz leise
Speck und Wurst als Leckerspeise,
schlucken alles mit Behagen
in den kleinen Mausemagen.

Die rechte Hand zappelt vorne, die linke Hand zappelt hinter dem Rücken (ständig wechseln), Bauch reiben.

7. Meine Tanten haben Flöhe
   auf dem Hütchen in der Höhe.

Die Finger der rechten und der linken Hand schnippen im Wechsel.

Weil so selten sind die Hüpfer
finden sie die beste Pflege
in dem warmen Pelzgehege.

Mit den Armen von vorne nach hinten kreisen.

Mancher hüpft dann irgendwo
meterhoch als Zirkusfloh

Die Arme weit nach oben ausbreiten, Hochsprung am Schluss.

Ich bedanke mich für die Anregung zu diesem Buch bei Frau Silvia Regelein und für die kritisch-konstruktive Mitarbeit bei Frau Irene Wirth und Frau Stefanie Beyer.   *Franz Mages*

Literaturhinweise

Ayres, Jean, Bausteine der kindlichen Entwicklung. Springer Verlag. Berlin - Heidelberg - New York, 1984

Breuer/Weuffen, Lernschwierigkeiten am Schulanfang. Beltz Verlag. Weinheim, 1993

Deegner/Dietel u. a., Neuropsychologische Diagnostik bei Kindern und Jugendlichen – Handbuch zur TÜKI. Beltz Verlag. Weinheim, 1992

Dennison, Paul E./Dennison, Gail, Lehrerhandbuch Brain-Gym. Verlag für angewandte Kinesiologie. Freiburg, 1993

Dennison, Paul E., Befreite Bahnen. Verlag für angewandte Kinesiologie. Freiburg

Diamond, John, Der Körper lügt nicht. Verlag für angewandte Kinesiologie. Freiburg, 1990

Diamond, John, Lebensenergie in der Musik. V. Br. Martin. Sündergellersen

Gades, William, Lernstörung und Hirnfunktion. Springer Verlag. Berlin - Heidelberg - New York, 1991

Graichen, Johannes, Die Steuerung des Verhaltens aus neuropsychologischer Sicht. In: Deutsche Gesellschaft für Sprachheilpädagogik (Hrsg.), Sprache – Verhalten – Lernen. edition freisleben. Rimpar, 1993

Graichen, Johannes, Wahrnehmungsstörungen aus neuropsychologischer Sicht. In: Landesinstitut für Schule und Weiterbildung (Hrsg.), Förderung wahrnehmungsgestörter Kinder. Soest, 1994

Grissemann, Hans, Hyperaktive Kinder – Ein Arbeitsbuch. Hans Huber Verlag. Bern - Stuttgart - Toronto, 1986

Hörmann, Hans, Psychologie der Sprache. Springer Verlag. Berlin - Heidelberg - New York, 1977

Kiphard, Ernst, Mototherapie Teil I/II. Modernes Lernen. Dortmund, 1986

Lehrl/Fischer, Selber Denken macht fit. Vless-Verlag. Ebersberg. o. J.

Lurija, A. R., Die höheren kortikalen Funktionen des Menschen und ihre Störungen bei örtlichen Hinschädigungen. Verlag VEB. Berlin, 1970

Lurija, A. R., Das Gehirn in Aktion – Einführung in die Neuropsychologie. Rowohlt Verlag. Reinbek, 1991

Mages, Franz, Neuropsychologisch orientiertes Screeningverfahren zur Erfassung von Teilleistungsschwächen. In: Behindertenpädagogik in Bayern, Nr. 4. 1993

Olbrich Ingrid, Auditive Wahrnehmung und Sprache. Modernes Lernen. Dortmund, 1989

Radigk, Werner, Kognitive Entwicklung und zerebrale Dysfunktion. Modernes Leben. Dortmund, 1990

Sedlak/Sindelar, Hurra, ich kann's. Bundesverlag. Wien. 1988

Sindelar, Brigitte, Lernprobleme an der Wurzel packen. Eigenverlag. Wien, 1982

Sindelar, Brigitte, Verfahren zur Erfassung von Teilleistungsstörungen. Eigenverlag. Wien, 1992

Sindelar, Brigitte, Teilleistungsschwächen. Eigenverlag. Wien, 1994

Spektrum der Wissenschaft: Gehirn und Nervensystem. Spektrum der Wissenschaft. Heidelberg, 1988

Springer, S./Deutsch G., Linkes-rechtes Gehirn. Spektrum der Wissenschaft. Heidelberg. o. J.

Jahreszeitenbücher für einen integrativen Unterricht

Jahrgangs- und fächerübergreifend stellt die Jahreszeiten-Reihe Themen von Frühling bis Winter, um Fasching, Ostern, Advent und Weihnachten, gesunde Ernährung und Umwelterziehung für den Leser anschaulich dar.

Tipps, Anregungen und Materialien sind in zahlreichen Stundenbildern mit entsprechenden, praxiserprobten Kopiervorlagen gestaltet.

Texte, Bilder und Spielideen bereichern den Unterricht nicht nur als motivierende »Verpackung«. Sie erleichtern zugleich die Verknüpfung von Lerninhalten und Sozialformen im Unterricht.

Elfriede Hirschmann, Annemarie Lösch, Renate Schuster
Frühling in der Grundschule
Prögel Praxis 161, Best.-Nr. 98617-1

Manfred Hahn, Monika Moser
Sommer in der Grundschule
Prögel Praxis 158, Best.-Nr. 98614-7

Sigrid Bairlein, Christel Junker, Manfred Reichgeld
Herbst in der Grundschule
Prögel Praxis 160, Best.-Nr. 98616-3

Marga Beckstein, Barbara Regitz, Brigitte Widder
Winter in der Grundschule
Prögel Praxis 167, Best.-Nr. 98623-6

Helga Müller-Bardorff u. a.
Ostern in der Grundschule
Prögel Praxis 159, Best.-Nr. 98615-5

Margarete Kaufmann
Fasching in der Grundschule
Prögel Praxis 157, Best.-Nr. 98610-4

Marga Beckstein, Barbara, Regitz, Brigitte Widder
Advent und Weihnachten in der Grundschule
Prögel Praxis 154, Best.-Nr. 98605-8

Dieter Hell, Jutta Spatz, Herlinde Sporer
Gesunde Ernährung in der Grundschule
Prögel Praxis 168, Best.-Nr. 98624-4

Sigrid Bairlein
Umwelterziehung im 1. und 2. Schuljahr
Prögel Praxis 170, Best.-Nr. 98631-7

Oldenbourg